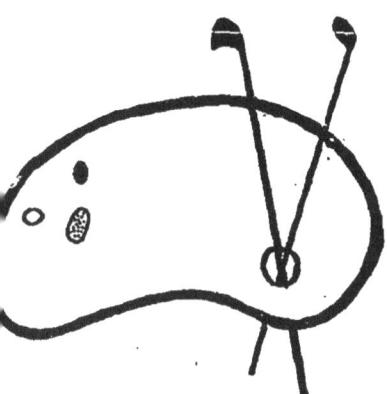

DEBUT D'UNE SERIE DE DOCUMENTS
EN COULEUR

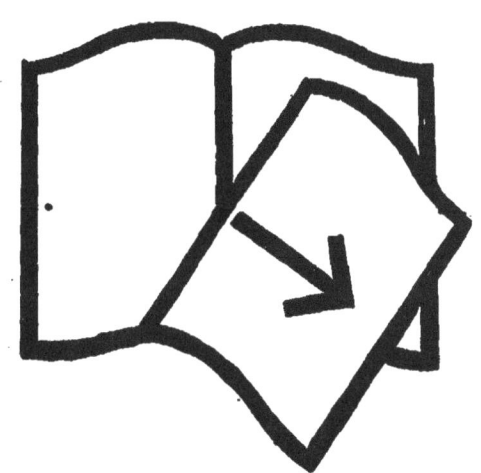

Couverture inférieure manquante

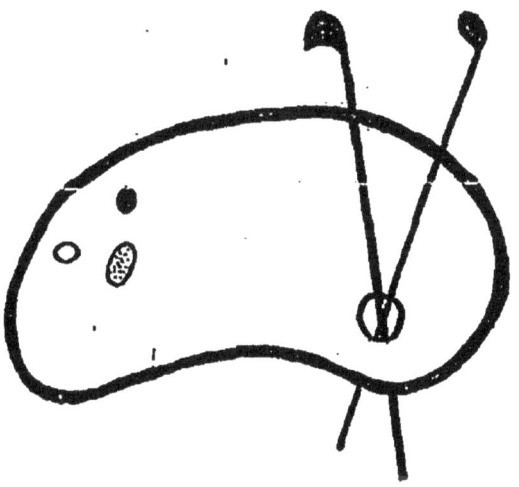

FIN D'UNE SERIE DE DOCUMENTS
EN COULEUR

LES INVENTAIRES ET COMPTES

DE LA

CONFRÉRIE DU SAINT-SACREMENT

DE SAINT-PIERRE-DU-QUEYROIX, A LIMOGES

Lors de l'exposition rétrospective de Limoges, mon attention fut particulièrement attirée, dans la section des manuscrits, par un gros volume, appartenant aux archives communales et dont la rédaction, commencée sur parchemin au xvi° siècle, se poursuit jusqu'au siècle dernier. Il a pour titre : « Registre de recepte et de mise de la confrérie de la Feste Dieu, establie dans l'esglise de Saint-Pierre-du-Queyroix de Limoges » (1).

Ce précieux in-folio contient trois sortes de documents : des *inventaires*, des *comptes* et des *dessins*.

Les inventaires donnent l'état du mobilier. Ils se répètent d'année en année, chaque fois que le confrère qui en a la garde en transmet le dépôt à son successeur. J'ai choisi comme type le plus ancien, qui remonte à l'an 1550. Pressé par le temps, j'ai prié M. Louis Guibert de vouloir bien en prendre copie pour moi, ce qu'il s'est empressé de faire avec son obligeance habituelle : je tiens à lui en témoigner ici toute ma gratitude. Au fond, le texte est toujours le même; en l'étudiant en détail, j'aurai soin de noter scrupuleusement les variantes, qui ont leur importance, lorsqu'il s'agit de bien préciser la nature et la forme de l'objet enregistré.

Les comptes établissent aussi, année par année, la recette et la dépense ou « mise » de la confrérie. Là encore se trouvent une foule de renseignements utiles, qui complètent les inventaires.

---

(1) M. Maurice Ardant en a donné, en 1850, des extraits dans *le Bulletin des Comités historiques, Archéologie*, t. II, p. 45-51. Le sujet est loin d'avoir été épuisé et quelques lectures sont fautives.

Je n'ai eu garde de les omettre, mais j'ai fait un choix en rapport avec mon sujet : on verra ces extraits dans le glossaire explicatif.

Les dessins représentent les objets commandés par la confrérie : croix, ostensoir, calice, candélabre, bourdon, burettes, etc. Ils justifient la dépense faite. Ce serait rendre service à l'archéologie que de les reproduire tous : j'ai donné ici la préférence au *joyau* et au *candélabre*, qui sont certainement les pièces les plus curieuses de ce petit trésor.

I

La liste de ces dessins, parfois signés de noms de maîtres, a été relevée, à ma demande, par M. Guibert, comme il suit :

Fol. 2 v°. Chiffre de la confrérie (avec un cartouche portant la date de 1551), placé dans un cartel que supportent deux anges; fleurs et fruits, lettre majuscule enluminée (1).

Fol. 3 r°. Majuscule enluminée (chiffre de la confrérie, dans un cœur).

Fol. 35 r° (ancien 38). Le pilier du « grand candélabre d'airain », 1558.

Fol. 51 v° (ancien 55). Bénitier argenté et chiffre de la confrérie, paraissant reproduire un cachet. Lettre majuscule enluminée, 1566 (2).

Fol. 54 v° (ancien 58). Navette argent ou argentée, avec la date de 1568 sur le pied, 1568 (3).

Fol. 67 r° (ancien 71). Le « grand candelabre », avec la date 1574 dans un cartouche, 1574 (4).

Fol. 70 v° (ancien 74). Le « bourdon », exécuté par l'orfèvre Jean Yvert, 1575 (5).

Fol. 74 r° (ancien 78). « Le candelabre, comme il a esté mis et posé devant le grand autel », avec le chiffre de la confrérie et la date 1576.

Fol. 79 v° (ancien 83). Le candélabre, avec « les chandelliers et enrichissemens » qu'y a ajoutés le fondeur Rolland, 1579.

(1) Nous ne signalons pas les simples majuscules ornées ou en couleur. Elles sont nombreuses aux premières pages.
(2) Il résulte d'une note du fol. 63, que ce dessin a été fait par Pierre Raymond, et qu'il a été payé 17 sols.
(3) Dessin de Pierre Raymond, payé 8 s. 6 d.
(4) Dessin de « M⁰ Anthoyne, peinctre » payé 2 liv. 5 s.
(5) Dessin de Pierre Raymond, payé 3 livres.

Fol. 82 v° (ancien 86). Panonceau d'argent, avec la date de 1580 (1).

Fol. 85 r° (ancien 89), Pilier du candélabre, 1581.

Fol. 144 r° (ancien 147). Encensoir, 1599.

Fol. 151 r° (ancien 154). Croix processionnelle d'argent doré, avec la date de 1600, exécutée par Jean Veyrier, orfèvre à Limoges.

Fol. 182 r° (ancien 185). Croix à double traverse, « accommodée par Texendier », 1624.

Fol. 188 r° (ancien 190). Vitrail, avec le chiffre de la confrérie, 1630.

Fol. 189 r° (ancien 191). Calice, 1630.

Fol. 197 r° (ancien 199). « Les canettes et plat bassin d'argent », 1636, exécutés à Paris.

Fol. 201 r° (ancien 203). « Voile vert pour assortir à la chapelle verte, » fait par Joseph Ruaud, maître brodeur, 1639.

Fol. 206 r° (ancien 208). Deux chandeliers, 1641.

Fol. 220 r° (ancien 222). Un chandelier; fol. 220 v°, un chandelier; 221 r°, un chandelier; 221 v°, un chandelier; 222 r°, un chandelier; 222 v°, un chandelier. Ces six pièces ont été exécutées en 1684 (2).

Fol. 228 r° (ancien 229). Custode d'argent, exécutée à Paris en 1658.

Fol. 231 r° (ancien 232). Deux burettes, 1661.

II

Voici, avec des numéros d'ordre, le texte même de l'inventaire de 1580 :

S'ensuit ce que nous rendons et délivrons à vous les susdictz bayles : Et premièrement :

1. Toutes les clefz.

2. Item, une grande croix de boys, couverte d'argent, où est le Crucifix, poisant seize marcs troys onces huict deniers d'argent net.

3. Item, le grand joyeau d'argent douré, où sont troys croix avec les ymaiges du crucifix, le bon et maulvais larrons, Nostre-Dame, sainct Johan,

---

(1) « Pour faire pourtrayre à Limozin, au present pappier, le pourtraict des panonceaulx d'argent : 14 s. 6 d. » — Léonard I Limousin était mort à cette date. Il s'agit d'un de ses fils ou de ses neveux.

(2) Cette date est fournie par une note marginale des bailes de la confrérie. Ces figures ont donc été intercalées après coup dans le registre, où on a utilisé des feuillets laissés en blanc.

sainct Pierre, sainct Pol, avec une enseigne d'or, ung anneau d'argent susdouré, attaché à la croix du crucifix, avec le pied d'argent : le tout poisant vingt marcs cincq onces douze deniers.

4. Item, le soubassement et pied dudict ioyau, avecques quatre tourasses, dont il y en a deux par le devant, qui sont dorées et les aultres deux blanches, lesquelles tours portent quatre anges de cuyvre dorés ; lequel soubassement, pied et tours, poysent, argent nect, dix marcs six onces.

5. Item les deux anges d'argent, avec leur soubassement de cuyvre dorés, lesquels poysent, argent nect, seize marcz quatre onces.

6. Item, les deux grandz chandeliers d'argent, poisantz, argent nect, dix-neuf marcz.

7. Item, le grand calice, avec sa patenne, d'argent susdourés, poisant huict marcs deux onces douze deniers.

8. Item, le petit calice, avec sa patenne, d'argent susdouré, poisant quatre marcz troys onces quatre deniers.

9. Item, les deux canettes d'argent, poisant argent nect (1).

10. Item, les deux tilz, couverts d'argent, avec le livre en parchemin, où sont les évangilles des festes annuelles et *prin. clas.* (2); poysant, argent nect, deux marcz sept onces vingt-un deniers.

11. Item, le bourdon d'argent, où est l'ymaige Nostre Seigneur et l'ymaige de Sainct Pierre, avec deux anges d'argent et son baston de boys couvert d'argent ; le tout poysant, argent nect, sept marcz une once ung denier.

12. Item, deux paix d'yvoire, enchassées en argent; poysantz, argent nect, six onces troys deniers.

13. Item, deux enssenssiers d'argent, poisant, argent nect, huict mars six onces.

14. Item, la navette, avecq son cuylher d'argent attaché avec une chaine d'argent, poysant ung marc six onces.

15. Item, les quatre cornetz d'argent, les brodures (sic) dorées, lesquelz poisent six marcqs.

16. Item, le grand candelabre de lathon, estant devant le grand aultel, qu'a esté faict en l'année mil cincq centz quarante sept, finissant quarante huict.

17. Item, deux grandz chandelliers de lathon de tournelles (sic) et angelotz.

18. Item, deux anges de lathon.

19. Item, deux cornetz de cuyvre argentés.

20. Item, aultres deux cornetz de lathon à estaindre les chandelles.

21. Item, la boyte d'arain fermant à quatre cliefz.

22. Item, une aultre boyte de boys fermant à une clief.

23. Item, le grand thimon de fer, garny de ses balances, avec quintal, demy quintal, et vingt cincq livres, lesdicts poix de pierre.

24. Item, les petites balances avec une pille de cuyvre, poysant douze livres et demy.

---

(1) Le poids n'est pas indiqué.
(2) *Primæ classis*, les fêtes de première classe.

25. Item, la grand chauffette (*sic*) de fer.

26. Item, le regestre neuf, alias *thablier*, contenant la description du luminaire ordinaire, attaché dans la secrétenye.

27. Item, ung coffre de boys, où est ce que s'ensuit :
Et premièrement.

28. Le drapt de veloux rouge, où est en icelluy la figure de la Véronicque, et deux soleilz brochés de fillet d'or.

29. Deux draps de taffetas rouge, brochés de fil d'or.

30. Le surciel de taffetas rouge, avec les pendans.

31. Quattre pommes de boys, à meetre sur ledict surciel, les deux dorées, et les aultres jaspées.

32. Une toille blanche, broché de fillet d'argent.

33. Le drapt d'or, avec le taffetas rouge par lo dernier (1), qu'on meet sur le sainct Sacrement durant la feste et octave de la Feste Dieu.

34. Le drapt de veloux rouge, avec ung soleil et deux Jhesus brochés de fil d'or.

35. Ung aureilher à petis carreaulx, de veloux de plusieurs couleurs.

36. Les corporaulx bordés de perles, avec quattre petitz bouthons d'argent, avecq leur estuy.

Lesquelles choses susdictes sont dans le susdict coffre.

37. Les vestemens à prebstre, que honnorable Monsieur maistre Hugues de Veys, curé de ladicte esglise (2), bailla à ladicte confrérie, lesquelz sont et demeurent entre les mains du secretain de ladicte esglise.

38. Ung tappis, à meetre sur le coffre près le grand autel.

39. Plus quattre empoulles garnies.

40. Dix tortisseaulx de boys à porter les cornetz d'argent.

41. Vingt deux torches pour le service à la lévation du *Corpus Domini*.

42. Plus sept vingtz chassons.

43. Plus les trois muasons de ciro pour le service du scoir de Noel.

44. Ung livre en parchemin, appellé le *terrier ancien*, où sont contenues les cens et rentes de la dicte confrairie.

45. Ung aultre livre en parchemin, où sont contenuz les comptes et réparations faictes par ladicte confrairie, commencé de l'an mil quattre centz quarante sept iusques à la présent année mil cinq centz cinequante, lequel livre est remply desdictz comptes.

46. Ung pappier où sont escriptz les noms de tous ceulx et celles qui sont de ladicte confrairie, avec la quantité de quattre centz chandelles que restent à lever, combien que en ayons faict deue diligence de les lever.

47. Item, vous rendons lo coffre fermant à troys clefz, où sont dedans les tiltres anciens dans les sacz cothés par a. b. c. jusques à la lettre (3), que sont en nombre (4) sacz désignés au (5).

---

(1) *Par le derrière*; l'emploi du mot *dernier* dans ce sens est des plus fréquents du xv⁰ au xvii⁰ siècle (Note de M. Guibert).

(2) Hugues *de Video*, curé de Saint-Pierre-du-Quoyroix dès 1403, administrait encore la même paroisse en 1441 (Note de M. Guibert).

(3) En blanc.

(4 et 5) Autres blancs.

48. Plus, le sac des quictances des francz-fiefz et admortissemens d'iceulx.

49. Plus troys sacz attachés ensemble de certaines pièces inutiles.

50. Plus vous rendons les troys livres qu'avons faict faire nouvellement ; c'est assavoir le livre des recongnoissances, le terrier des cens et rentes appartenantz à ladicte confrairie avecq le présent livre des comptes.

(*Du folio 4 verso au folio 7 recto*).

III

Ce texte a besoin d'un commentaire, non-seulement sous le rapport archéologique et liturgique, mais aussi au point de vue philologique, car il renferme des mots qui ne se rencontrent pas d'ordinaire dans les inventaires. Pour plus de commodité, j'adopterai l'ordre alphabétique et grouperai ensemble, sous forme de glossaire, les renseignements fournis à la fois par les inventaires et les comptes.

AIRAIN. — Voir *balustre, candélabre, navette*.

AMPOULE. — Ce mot ne se trouve, avec sa signification limousine, ni dans le *Glossarium* de du Cange ni dans le *Glossaire archéologique* de V. Gay.

Des dix citations qui le concernent, il résulte qu'il y a une, deux, trois et même quatre ampoules, qu'elles sont en bois recouvert de cire et qu'elles figurent aux enterrements et anniversaires des confrères et de leurs femmes.

Le côté liturgique de la question mériterait d'être étudié et ce ne peut guère être fait que par quelque ecclésiastique limousin, consultant tout ensemble les textes et les traditions locales. Jusqu'à plus ample informé, on pourrait peut-être songer à l'offrande faite par la famille du défunt, comme cela se pratique encore en certaines contrées, sous la forme en nature, cire et vin. L'ampoule peut rappeler le liquide offert pour le saint sacrifice et la cire, le luminaire. Au XVII° siècle, ce n'était plus qu'un droit, faisant partie du casuel ; antérieurement, les fidèles se présentaient sans doute à l'offrande, avec les ampoules que fournissait la confrérie et le nombre correspondait à leur plus ou moins de générosité.

1550. « Quatre empoulles garnies ». — 1569, 1570. « Deux empoulles de boys, couvertes de cire ». — 1574. « Troys empoulles couvertes de cire ». — 1577. « Les deux ampoulles couvertes de cyre ». — 1580. « Les troys empoulles couvertes de cyre ». — 1597. « Deulx empoulles couvertes de cire ». — 1609.

« Pour les droictz d'empoulle..... La sépulture de Madame Lavandier, l'empoule, 6 s. ». — 1641. « Une empoulle ».

Anges. — L'inventaire de 1550 mentionne, comme ornement du joyau (n° 4) « quatre anges de cuivre doré » ; au n° 5, « deux anges d'argent, avec leur soubassement de cuivre doré », qui probablement se mettaient sur l'autel, aux jours de fêtes (1) et enfin, au n° 18 « deux anges de laiton », qui ne sont autres, d'après les comptes de 1579 et 1587, que « les deux anges du candélabre ». Deux anges tenaient des cierges, en 1574, au « chandelier cuivre à trois cierges ». Le mot *ange* n'existe pas dans le *Glossaire archéologique*, malgré sa fréquence dans les œuvres d'art.

Angelots. — En 1550 et 1552, de petits anges rehaussent « deux grands chandeliers de laiton » (n° 17). Le *Glossaire* de M. Gay ne donne d'autre sens au mot angelot que celui de *fromage*, c'est absolument insuffisant.

Anneau. — Voir *joyau*.

Arcanette. — Ce terme, qui revient souvent dans les comptes, manque aussi dans le *Glossaire*. — 1558. « Pour archanette pour lesdites chandelles ». — 1679. « Pour de l'arcanette ». Les *Statuts des apothicaires d'Abbeville*, en 1530, écrivent *orcanète* et précisent la signification : « cire rouge faite de vermillon ou orcanète » (2).

Armes. — Voir *Jésus, parement, drap.* — 1587. « Plus, avons baillé à Françoys Cullet, m° maçon dudit bastiment, pour avoir gravé les armories de ladicte frairie à l'entrée dudict bastiment par le dehors, pour son vin, 10 s. »

Armoire. — 1568. « Armère où sont les joyaulx. Autre armère près de l'autel ». *Armoire* n'est pas non plus dans le *Glossaire archéologique*. Le premier texte précise la destination, qui est de conserver sous clef les vases sacrés et objets précieux. Le second s'explique par ce document de la fin du xiii° siècle, extrait des comptes d'Hesdin : « Pour faire une aumaires à mettre les aournements de la capelle » (*Rev. de l'art chrét.*, 1886, p. 338). La situation de cette dernière « près de l'autel » indique que la sacristie était insuffisante et que le contenu était affecté au service de l'autel.

---

(1) 1551. « A Pierre Veyrier l'aisné, orfèvre, pour avoir racoustré l'aisle d'un des grands anges d'argent, tant pour ses peines et vaccacions que pour l'estoffe y requise, xxx s. »

(2) *A* substitué à *o* se rencontre encore en Limousin dans le mot *palanceau* pour *palonceau*.

On remarquera l'orthographe *armère*, qui calque la pronouciation.

ATTACHE. — Ce mot est encore absent du *Glossaire*. Il s'entend de la poignée de cuir (on la fait maintenant en velours ou en papier), par laquelle on tenait les cierges et les torches, pour ne pas se salir la main au contact de la cire. — 1587. « Pour attaches de cuir pour les chandelles et torches ».

AURANGT. — Ce mot n'est pas dans le *Glossaire*. Je le crois mal orthographié. Peut-être est-il pour *airain*. En effet, en 1558, les encensoirs sont dits suspendus à des « verges de leton ». Or airain, dans le registre, s'emploie souvent pour cuivre. — 1574. « Les deux verges d'aurangt, à pandre les encensiers ».

AUTEL (Grand). — Voir *balustre, parement, te igitur, image, armoire, coffre*.

BAGUE. — Voir *joyau*.

BAILES ou marguilliers. — « Pour la garde et superintendance de la chapelle » (*Bull. de la Soc. archéologique du Limousin*, t. XXVII, p. 96). — Voir *surciel, palanceau, tapis, drap, chandelier*.

BALANCES. — Les balances sont de deux sortes, grandes et petites, suivant la quantité à peser. On devait se servir de la grande pour les redevances ou offrandes en nature, ainsi que pour les objets pesants, comme la cire, l'huile, etc. Ses trois poids étaient en pierre. Elle était fixe et suspendue à la voûte : sa grande tige de fer lui avait fait donner le surnom de *timon*, qui persiste pendant tout le xvi° siècle. — 1555. « Ung grand tymon de fer ». — 1577. « Ung grand thymon de fer qu'on pend à la voulte ». — 1578. « Ung grand thymon de fert qui pend à la voulte ». — 1591: « Ung grand thimon de fer attaché en la voulte ».

Les petites balances, mobiles et portatives, avec un seul poids de cuivre, feraient présumer que c'était une romaine (n° 24).

Ces renseignements complètent utilement le *Glossaire* au mot *balances*.

BALUSTRE. — Balustre, d'après le *Glossaire*, signifierait exclusivement « balustrade ». Ce n'est pas exact. Ici, il s'entend seulement d'un support, ce qui est son sens usuel. La balustrade se décompose donc en *balustres* et en *table*. Les balustres étaient en bronze et la table qui les recouvrait et s'y fixait par des barres de fer n'était peut-être qu'en bois. — 1609. « Pour deux barres de fert pour attacher les tables estans sur les balustres d'airain autour de l'autel, 1 l. 6 s. 6 d. ».

La destination résulte de ces mots « autour de l'autel »; c'était une clôture, isolant l'autel de la chapelle où se tenaient les confrères; la *table*, comme l'atteste l'*Inventaire de Saint-Hilaire-de-Poitiers*, en 1633, était affectée « à la communion ». On qualifie encore vulgairement la balustrade *table de communion*, ce qui est surtout vrai à Rome, où la partie supérieure est très large.

Bancs. — Les bancs étaient disposés en *chœur*, c'est-à-dire en face l'un de l'autre, parce que les confrères y prenaient place pour leurs cérémonies propres : le *Glossaire* n'indique pas cet usage spécial. En 1566, le siège fut recouvert de cuir par un corroyeur, autre détail omis par M. Gay : « Au corrieur pour faire la couverture sur les bancz de la freyrie, xxxiii s. viii d. ». Les bailes en avaient un distinct, comme sont encore les marguilliers (voir *drap*).

Barre. — Voir *balustre*.

Batons. — Les bâtons avaient une triple destination : on y emmanchait les éteignoirs, les cornets et les cierges, toutes choses inconnues au *Glossaire*. Le bois en était peint en rouge, en jaune et en vert (Voir *torches* et *torchis*). — 1566. « Plus douze bastons à mectre les cornetz, un rouge et quatre jaulnes et un vertz ». — 1574. « Quatre bastons à porter les chandelles aux processions, avec quatre pallanceaulx et quatre cornetz de fer blancq ». — 1576, 1578. « Quatre bastons pour pourter les cornetz d'argent et chandelles aux processions ».

Les miniatures du xv⁰ siècle, entre autres celles du Pontifical de Juvénal des Ursins et du Bréviaire d'Anne de Prye, montrent les torches de cire fixées au sommet de longs bâtons de bois, que décorent des panonceaux armoriés. Sur le célèbre tableau des sacrements, de Roger van der Weyden (*Ann. arch.*, t. XXVII, p. 239), le servant de messe tient une torche analogue. Celles qui se portaient aux processions du sacre d'Angers étaient absolument semblables : j'ai ai déposé un spécimen au musée diocésain de cette ville. — Voir *bourdon* (1).

Bois. — Voir *boîte, cadre, coffre, croix, Jésus, hûche, bâton*.

Boîtes. — Les boîtes limousines ne sont autre chose que des

---

(1) Les bâtons des pénitents sont signalés dans le *Triomphe du Très-Saint-Sacrement*, à la procession de la Fête-Dieu, en 1686. « Les pauvres de l'hôpital général sortirent de l'église les premiers, vêtus de bleu.... tous cez bienheureux enfans d'Alexis portoient chacun un cierge allumé, à la réserve du porte croix et de quelques autres qui portoient des bâtons bleus pour faire garder les rangs » (p. 5). « Les Jacquiers, ou pèlerins de Saint-Jacques..... chacun d'eux portoit un bourdon fort propre à une main et un cierge à l'autre » (p. 8). — Voir au mot *palanceau*.

troncs, aussi sont-elles « ferrées » et « fermées à clef » (n⁰ˢ 21, 22); l'une est en bois et l'autre en bronze (1), pour offrir plus de résistance. — 1566. « La boyte pour mectre argent ferrée. »

Une autre espèce de boîte est réservée aux corporaux; j'en reparlerai à *corporalier*.

Le *Glossaire archéologique* est muet sur cette double destination; je l'excuse, car le terme boîte, fort impropre dans les deux cas, est singulièrement vague. Enfin une troisième destination résulte de ce document de 1560 : « Boiste de reliques d'argent ».

BOUCASSIN. — « Toile de coton à poil feutré, du genre des futaines » (*Glossaire archéologique*). — 1678. « Ung taffetas rouge, doublé d'un bouquassin blanc ».

BOUILLONS. — Ce mot, qui manque au *Glossaire*, veut dire *godrons*. — 1662. « Autre custode, qui est vielle, à gros bouillons ».

BOUQUETS. — Le *Glossaire* ne parle que de bouquets artificiels. Je crois que ceux de la confrérie, renouvelables à chaque fête, devaient être en fleurs naturelles (2); probablement les confrères les portaient à la main, comme le faisait encore le clergé de Paris aux processions du Saint-Sacrement, lorsque j'étais au séminaire Saint-Sulpice. — 1552. « Payé à la femme qua *(sic)* faict les chappeaulx et boucquetz, vii s. ».

BOURDON. — Le *Glossaire* cite plusieurs espèces de bourdons, mais il se tait sur celui des confréries, qui avait pourtant son importance artistique, à en juger par cet article de 1556, qui est une variante notable du n° 11. « Ung bourdon, où il y a deux anges et les ymages de Nostre-Seigneur et de Saint-Pierre, Saint-Pol et Saint-André, le tout d'argent surdoré ». — 1574. « Plus avons faict faire un bourdon d'argent, donc que nous avons laissé et avons payé, tant pour argent, dorrures et fassons d'icelluy, à Jehan Judot, orfèvre, LXI l. XVIII s. ». M. Guibert a reproduit et décrit, dans l'*Orfèvrerie et les orfèvres de Limoges* (Limoges, 1884, p. 48), le beau bourdon d'argent, exécuté en

---

(1) « Deux boîtes en fer-blanc pour les visiteurs ». (*Invent. de la confrérie des Pénitents blancs*, 1845).

(2) A la procession de la Fête-Dieu, en 1686, les reposoirs étaient ornés de fleurs. « Une éguière avec quantité de fleurs naturelles » (*Triomphe du Très-Saint-Sacrement*, p. 15). — « Huit aiguières d'argent, remplies de fleurs, et plusieurs beaux vases de porcelaine » (p. 17). — « Huit gradins s'élèvent pompeusement sur ce reposoir : ils sont garnis de quarante beaux vases d'argent et de porcelaine pleins de fleurs..... avec quantité de corbeilles de porcelaine garnies de beaux œillets » (p. 18). — « Plusieurs vases de porcelaine remplis de fleurs y mêlent l'odeur des lis et des roses à celle de l'encens » (p. 27).

1575 pour la confrérie de Saint-Pierre, par Jean Yvert, orfèvre de Limoges, tel que l'a figuré dans le registre l'émailleur Pierre Raymond : deux anges y soutiennent sur un écusson le monogramme du nom de Jésus, l'un a une croix pour attribut et l'autre la colonne de la flagellation (1).

On attachait des targes aux bourdons. — 1566. « Les Jésus qui se mettent aux bourdons ». — 1568. « Quatre Jésus, à mectre aux bordons des cornetz, qui sont dorées ».

Bouton. — Voir aux mots *corporal*, *lions*.

Brillant. — Voir *drap*. Ce mot n'est pas dans le *Glossaire*.

Broché. — N'est pas dans le *Glossaire*. Voir *tonne*.

Broderie. — Voir *surciel*, *devant d'autel*, *chasuble*.

Calices. — Il y avait deux calices d'argent doré (n°ˢ 7 et 8) : l'un grand, pour les solennités; l'autre petit, pour les jours ordinaires. Le premier était en outre rehaussé d'émail, comme l'indique cet article de l'Inventaire de 1558 : « Le grand calipce d'argent surdoré et esmalhé ». Chacun était accompagné de sa patène, de même métal.

Un troisième calice, seulement en argent, était réservé « pour la sainte communion », c'est-à-dire pour l'ablution de vin qui suivait la réception de l'hostie, rite qui se retrouve dans le Pontifical romain, à propos de l'ordination et dont j'ai retracé l'histoire dans les *Inventaires de la basilique royale de Monza*, p. 222-255. — 1630. » Autre calice d'argent avec sa pataine, pour la sainte communion ».

Ces calices s'enveloppaient, comme on le fait encore de nos jours, dans des bourses de toile, qualifiées ici *linges* et *chape*. — 1566. « Avoir faict faire des linges aux deux calices ». — 1567. « Une chappe au grand calice ». Le *Glossaire archéologique* ne mentionne pas ces enveloppes, ni à *calice* ni à *chape*.

Cadre. — Ce mot ne figure pas dans le *Glossaire*. Voir ses deux sens à *devant d'autel* et *image* (2).

(1) Ce bourdon insigne devait être celui du prieur de la confrérie. Il y en avait aussi pour d'autres confrères, témoin cet article de l'*Inventaire des Pénitents blancs*, en 1845 : « Six bâtons avec leur cartouche en cuivre blanchi et le fourreau en serge ». On voit ces longs bâtons, avec leur médaillon rayonnant, surmonté d'une croix, sur une gravure reproduite en tête du tome XXVII du *Bulletin de la Société archéologique du Limousin*.

(2) Le testament de Jean-Casimir de Baluze (1718) porte : « Les portraits de feu mon père, Antoine de Baluze et d'Estienne de Baluze, mon oncle, peints par des habils hommes, nommés Callot et Schalz, avec leurs bordures dorées ». *Bordure*, dans le sens de *cadre, encadrement*, ne se trouve pas dans le *Glossaire archéologique*.

CANDÉLABRE. — Je lui consacrerai plus loin un paragraphe spécial.

CANETTES. — On nomme ainsi vulgairement les burettes où se mettent l'eau et le vin pour la messe : elles sont en argent (n° 9). — 1551. « Item, au petit Poche, pour avoir accoustré une des canettes, en avoir forny quelque argent, iiij s. » — 1576. « Plus, avons faict netoyer les titz et canettes et, pour ce fère, avons payé à Guillaume Mouret la somme de x s. » — 1577. « Plus, à Jehan Pinot, orphèvre, pour avoir soudé une des canettes d'argent et raccoustré le bourdon d'argent qui estoit cassé ; pour le tout, xxiiij s. »

CARREAU, dessin en carré. — 1558. « Ung aurelier *sive cuissin* à petis carreaulx de veloux de plusieurs coleurs. » Ce sens ne se trouve pas dans le *Glossaire archéologique*.

CÈNE (jour de la), Jeudi-Saint. Voir *manteau, tonne*.

CHANDELIERS. — Les chandeliers sont de deux sortes, quant à la matière, qui est l'argent ou le laiton.

Quant à l'usage, il faut établir plusieurs catégories distinctes. D'abord, les *chandeliers de l'autel* : il n'y en avait encore que deux au xvi° siècle et ils étaient simplement en cuivre : 1575. « Les deux grands chandeliers de cuyvre que l'on met sur l'autel. » — 1576. « Les deux chandelliers que l'on met sur l'autel ordinairement, que sont de cuyvre » — 1580. « Les deux chandeliers de cuyvre qu'on met sur l'autel. »

Les *chandeliers placés au pied de l'autel*, qui rappelaient un rite primitif, lequel n'admettait pas de chandeliers sur l'autel même ; ils étaient en argent pour les solennités, en cuivre pour l'ordinaire. — 1550. « Les deux grandz chandeliers d'argent (n° 6). » — 1550. « Deux grandz chandeliers de lathon, (garnis) de tournelles et angelots » (n° 17). — 1551. « Les deux grandz chandeliers de lathon... qu'on mect où se mectent les dix chandelles qu'on allume à la lévation du *Corpus Domini* » — 1558. « Un grand chandellier d'argent. » — 1575. « Les deux grands chandeliers que l'on met au pied de l'autel ». — 1576. 1580. « Les deux grands chandeliers que l'on met au pied de l'autel. »

Les *chandeliers placés sur le banc*, en face des dignitaires de la confrérie, comme on le fait encore à Paris au banc des marguilliers ; ils étaient de petite taille et en laiton. — 1587. « Les deux petits chandelliers de lathon, pour mettre sur le bancq. » Ce banc spécial n'est pas indiqué dans le *Glossaire archéologique*, qui ne distingue pas non plus les divers usages liturgiques des chandeliers.

Un *chandelier à trois cierges*, qui rappelle un ancien rite que j'ai étudié dans une brochure intitulée : *Le râteau à trois cierges de la cathédrale de Tours* (Tours, 1883, in-8°). Il se plaçait devant le maître autel; j'en ai vu un analogue, en fer forgé et dans le style du xviiie siècle, dans l'église de Saint-Avé-le-Bas, près Vannes (Morbihan), mais avec pointes pour cinq cierges (1).

CHANDELLE. — Ce mot est synonime de cierge. La cire était coloriée (Voir *arcanète*), ce qui n'est pas constaté dans le *Glossaire archéologique* au mot *chandelle*, mais l'est sans spécification aux mots *cierge* et *cire*. On allonge les cierges à l'aide de bâtons et on y met des *cornets* pour recevoir la cire qui goutte (voir ce mot plus loin); on y attache aussi des *panonceaux* (voir ce mot) et des brassards (voir *attache*).

1566. « Pour avoir faict les chandelles pour la Feste-Dieu et forny papiers mis auxd. chandelles, ix l, x s. » — 1566. « Pour fère les coleurs des chandelles durant l'année. » — 1574. « Quatre bastons à porter les chandelles aulx processions. » — 1602. « Pour deux chandelles rouges, le soir de Noël, 2 s. »

CHAPE. — Nous avons déjà rencontré la chape ou enveloppe du calice (Voir *calice*). Un texte de 1558 lui donne le sens de tenture pour l'exposition du Saint-Sacrement; elle avait la forme d'un manteau déployé et était en toile d'or doublée de soie rouge. « La chape *sive* manteau de toille d'or, avec le taffetas rouge par le dernier (derrière), que on mect sur la tonne où repose le Saint-Sacrement le jour du Vendredy Sainct et octaves à la Feste-Dieu. » Ce manteau déployé est un symbole de souveraineté; à ce titre, il figurait dans les armes de France : il était tendu derrière l'écusson et surmonté de la couronne fleurdelisée. A Rome, l'usage s'en est maintenu, surtout pour les expositions des quarante heures. M. Gay a ignoré le terme et la chose.

CHAPEAU. — Aux processions du Saint-Sacrement, les confrères portaient sur la tête des chapeaux ou couronnes de fleurs, comme on le voit dans maintes miniatures des xve et xvie siècles. — 1552. « Payé à la femme qua (sic) faict les chapeaulx et boucquets, vii s. »

CHASSON. — L'Inventaire de 1550 inscrit sous le n° 42 : « Plus

―――――――

(1) On lit dans le Livre de raison de Jean Borthomieu : « Le 26e mai 1720, on bénit ladite cloche de l'église de S. Jory. On la pendit au milieu de l'église, où est suspendu le grand chandelier. » (*Bullet. de la Soc. arch. du Midi*, 1886, p. 43.

sept vingtz chassons. » Ce terme n'est pas dans le *Glossaire archéologique,* où décidément il y a de grandes lacunes. Deux renseignements nous sont fournis par le nombre, qui est de 140 et l'enregistrement entre les torches et la cire : il s'agit donc d'une espèce de cierge qui reste à déterminer.

CHASUBLE. — Le ruban blanc, ajouté à la chasuble, doit être le galon qui l'attache par dessous autour de la taille, autre détail absent du *Glossaire.* — 1662. « Ruban blanc pour mettre à la chasuble blanche de broderie, 10 s. »

CHAUFFERETTE, écrit aussi par contraction *chauffette*. — C'est un bassin de fer ou de cuivre, qu'on emplissait de charbons ardents, suivant la définition de Robert Estienne : « *Une chaufferette,* id est vas in quo ignem recondimus; » *brasero* pour échauffer l'hiver la chapelle ou fournir le feu nécessaire à l'encensoir. — 1555. « La grand chauffette de fer. » — 1574. « Deux chaufferettes de fer et cuyvre. » — Voir *réchaud.*

CHŒUR. — Voir *tonne.*

CISELURE. — Voir *custode.*

CLEFS des portes, coffres et armoires (nos 1, 21, 22, 47. — Voir *coffre.*

CLINQUANT. — 1622. « Or cliquan, 4 s. » — Le mot n'existe pas dans le *Glossaire,* qui, à *clincquailleur,* tire cette définition d'un dictionnaire de la fin du XVIIe siècle : « Clinquailler, qui fait ou vend or clinquant, or faux, clinquant de léthon. »

CLOCHETTE. — M. Gay ne dit pas, à *cloche,* qu'on s'en servait, comme ici et conformément au rituel, pour annoncer le saint viatique ou la procession du Saint-Sacrement. — 1676. « La clochette qu'on porte devant le Très Saint-Sacrement. »

COFFRE. — Les coffres de la confrérie avaient une triple destination : on y renfermait les ornements (n° 27), les titres (n° 47) et le trésor : 1626. « Pour deux coffres à mettre le trésor, 7 l, 15 s. » Celui des titres se fermait à trois clefs, confiées pour plus de sûreté à trois confrères. Il était placé près de l'autel : 1568. « Coffre aussy près de l'autel, fermant à trois clefz. »

COINS. — Voir *pavillon.*

COMMUNION. — Voir *custode, calice, balustre.*

CORNETS. — M. Gay a bien le mot *cornet,* mais sans les deux acceptions fournies par les inventaires et les comptes de la confrérie de Limoges.

La première se réfère à un usage ancien, que j'ai constaté en Italie, où l'on emploie encore des cornets de ferblanc, peint en blanc à l'intérieur et en vert à l'extérieur. Ces cornets, dont le nom indique la forme, sont placés à la partie supérieure du cierge, pour recevoir les gouttes de cire qui en découlent et l'empêcher de salir soit les mains, soit le pavé (1).

Ces cornets, à Limoges, enregistrés par douze, quatre et deux, étaient en argent, dont on dorait parfois toute la surface ou simplement les bords; en cuivre argenté ou blanchi; en ferblanc et même en papier. Ils étaient emmanchés de bâtons, peints en rouge, en jaune et en vert. — 1550. « Les quatre cornetz d'argent, les brodures dorées » (n° 15). — 1550. « Deux cornetz de cuyvre argentés » (n° 19). — 1554. « Quatre cornetz d'argent dorés. Deux cornetz de cuyvre argentés. » — 1558. « Quatre cornetz d'argent surdorés. » — 1563. « Pour papier pour faire les cornetz desd. chandelles, xii s. » — 1566. « Item, deux cornets de cuyvre blanchis. Plus douze bastons à mectre les cornetz, un rouge et quatre jaulnes et un vertz. Pour faire les papiers pour mectre aux chandelles, xx s. » — 1569. « Pour le papier des cornetz, xx s. — 1574, 1576. « Quatre cornetz de fer blancq. » — 1576, 1578. « Quatre bastons pour pourter les cornetz d'argent et chandelles aux processions. » — 1578. « Deux mains de grand papier pour faire les cornets, 8 s. » — 1597. » Quatre cornetz d'argent. » — 1600. « Quatre cournet et quatre palanceaud qu'on met aux quatre flanbeau desdictz sieur bailes, le tout d'argent. » Ce dernier article éclaire singulièrement la question : les quatre cornets d'argent étaient une distinction pour les bailes de la confrérie (2), les simples confrères n'avaient que des cornets de papier.

Le cornet renversé forme un éteignoir. Il y en a deux en laiton

(1) Quand le récipient est plat, on le nomme *écuelle* : « Item, quatre escuelles de cuivre, servant à quatre torches »(*Invent. de Verneuil*, xvii° s.). M. Gay n'a pas ce sens dans son *Glossaire*, mais seulement celui de plateau à cierge et encore ne donne-t-il, comme justification, qu'un seul texte de 1547, p. 606.

Le Rituel Cistercien dit *orbiculus*, qui signifie disque : « Candelabra et orbiculos desuper affixos ad ceram excipiendam..... non sinat pulvere obsordescere, sed frequenter abstergat. » (*Rituale Cisterciense*, Paris, 1731, lib. VII, cap. v, *De Sacrista et solatio ejus*, n° 13, p. 408).

(2) M. Guibert a cité ces textes relatifs aux cornets d'argent dans le *Bulletin de la Société archéologique du Limousin*, 1885, p. 79, mais sans les définir.

La signification de cornet n'est pas bien claire dans le passage suivant :

« Le 4 septembre 1683, Germain (orfèvre du roi), apporta au garde-
» meuble de la couronne, deux chandeliers d'argent à six branches en
» demy consoles et cornets ciselés, avec une grenade au-dessus » (BAPST, *Les Germain*, p. 6).

pour éteindre les cierges. — 1550. « Item, aultres deux cornetz de lathon à esteindre les chandelles (n° 20). » — 1554. « Deux cornets de lethon à estaindre les chandelles. » — 1566. « Item, deux petitz cornetz de cuyre (*sic*), pour esteindre les chandelles » (1).

CORPORAL. — A Limoges, on disait aussi *corporalier*, terme qui, d'ordinaire, signifie *boîte aux corporaux*, tandis qu'ici cette enveloppe se nomme indistinctement *boîte* ou *étui*.

Le corporal est en toile de Cambrai, avec broderie de soie dans le champ, contour de perles et boutons aux quatre coins. On connaissait déjà les corporaux brodés et M. Gay en reproduit un (p. 433), qui existe en Bas-Limousin; mais jusqu'à présent on n'en avait pas cité un seul avec une bordure de perles et des boutons d'argent. Il y en a de deux dimensions, grand et petit. — 1550. « Les corporaulx, bordés de perles, avec quattre petitz boutons d'argent, avec leur estuy. » — 1557. « Item, le grand corporal, de toille de Cambray, que avons faict faire. Item le petit corporal, semmé de perles. » — 1558. « Une boyte, où sont les corporaux de toille de Cambray, semmé de perles, avec ung Jésus et quatre boutons d'argent ès quatre cointz; le grand brodé de filet de soye, avec un JHS et quatre croix. » — 1566. « Les corporaulx, bordez de perles, avecques quattre petis boutons d'argent, avec deux estuy. » — 1574. « Une boyttre, où sont les corporaulx, bordés de perles. » — 1576, 1578. « Une boyte, où sont les corporaux, bordés de perles avec quattre boultons d'argent. » — 1597. « L'estuy, où sont les corporaulx, bordés de perles, avec quatre boutons d'argent. Ung aultre corporalier, de toille de Cambray, qu'avons faict fère la présente année. » — 1626. « Pour un corporalier, 4 l. »

Les articles suivants méritent une mention à part, en raison du rite particulier qu'ils rappellent. — 1604. « L'es-

---

(1) Voir le mot *éteignoir* dans le *Glossaire archéologique*, qui n'en cite que deux, l'un du xii° siècle et l'autre de 1823, sous le nom de *busette*. J'ajouterai quelques autres renseignements :

« 1 éteignoir. » (1780, BAPST, *Les Germain*, p. 118).

« Juxta (ministerium seu credentia) sit virga, cum tenui cercola ad cereos accendendos, emunctorium et extinctorium » (*Rituale Cisterciense*, lib. II, cap. I, De Præparatione altaris et ministerii, num. 6, p. 73).

L'éteignoir, fiché au bout d'un bâton, se voit sur une caricature de Guillaume de Fustemberg, archevêque de Cologne, qui le porte à son chaperon; autour du bâton est enroulée la mèche cirée avec laquelle on allume les cierges. Cette gravure date du siècle de Louis XIV; elle a été reproduite dans *l'Histoire de la caricature*, par Thomas Wright, Paris, 1875, 2° édit., p. 336.

luy, avec deux paires de corporaux. » — 1671, 1678. « Deux payres de corporaux, avec leurs estuys. » M. Gay n'a pas observé que les corporaux se comptaient par *paires* et pourtant le cas tient de très près à l'ancienne liturgie du diocèse de Limoges. En effet, sur un bas-relief sculpté, à la cathédrale, au tombeau d'un évêque, on remarque Saint-Martial célébrant la messe : le corporal est plié en trois parties égales ; une est sous le calice, la seconde monte par derrière et la dernière recouvre le calice ; j'ai fait ailleurs pareille constatation. Dans la liturgie moderne, la pale a remplacé le troisième repli du corporal. A Limoges, on a dû, au xvii° siècle, abandonnant cette méthode assez peu commode, couper le corporal en deux, une partie pour le dessous et l'autre pour le dessus du calice. Voilà pourquoi, au rite romain, la pale ne diffère pas du corporal quant à la matière (les dimensions seulement en ont été restreintes), et aussi pourquoi, dans le Pontifical, corporal est au pluriel : « *De benedictione corporalium. Pontifex, corporalia benedicere volens,* etc. ». Là où la pale n'était pas encore admise et où n'existait plus l'usage d'un corporal unique et plié en trois, deux corporaux, formant la paire, étaient nécessaires

CORPUS DOMINI, ou hostie. — Voir *manteau.*

CORPS DE DIEU, hostie. — Voir *tonne.*

COUSSIN. — Voir *oreiller.*

COUVERTURE. — Voir *banc.*

CRÉDENCES. — Une seule crédence est exigée par la rubrique, à la gauche de l'autel. Par symétrie, en France, on en a souvent mis deux. Chacune avait son parement, comme il se pratique encore fréquemment en Italie (voir *devant d'autel*).

CROISSANCES. — Le Glossaire ne nous renseigne pas sur ce mot, dont la signification résulte des textes mêmes de 1660 et 1662 (voir *devant d'autel*). Au xvii° siècle, le parement garnissait la partie antérieure de l'autel ; mais comme le retable d'architecture débordait de chaque côté de l'autel, le soubassement des colonnes avait aussi son parement, usage que j'ai constaté bien des fois à Rome.

CROIX. — Il y a trois sortes de croix : la *croix de procession*, la *croix des enterrements* et une *croix reliquaire* (voir aussi *joyau*).

La première est en bois, revêtu d'argent ou d'argent doré ; elle est ornée d'un crucifix et sert exclusivement aux processions. —1550. « *Item*, une grande croix de boys, couverte d'argent, où est le crucifix » (n° 2). — 1551. « Au dict Veyrier, orfèvre, pour avoir racoustré le joyau et un des encensiers, iceux nectoyé et dressé ensemble la grand croix d'argent, fut bailhé xxv s. » — 1554. « Une grande croix de boys, couverte d'argent ». — 1641. « Autre croix

— 18 —

des processions».—1678. « Aultre croix d'argent dorée, qu'on porte aux processions ».

Une croix spéciale est affectée aux enterrements. — 1609. « La grande croix d'argent, qu'on porte aux enterrements ». — 1641. « La grande croix des mortuaires ».

La croix, qui contenait une relique de la vraie croix, était, comme les belles croix d'Eymoutiers, du Dorat et des Cars, à double croisillon et rehaussée de pierreries. — 1641. « Autre croix double, avec des pierreries ». — 1671. « Autre croix, aussy double, avec des pierreries, où est enchaisé du bois de la saincte croix, d'argen ».

Cuir. — Voir *banc, te igitur*.

Custodes. — La custode est affectée à la communion des fidèles. Elle sert aussi pour le transport du saint viatique, mais l'inventaire a soin de distinguer suivant que le prêtre va « par ville » ou « à la campagne »; cette dernière devait être plus petite. Notons le couvercle en patène, d'où est venu l'usage français de doubler ce couvercle d'une patène, qui se place sous le menton du célébrant, pour éviter que l'hostie tombe sur la nappe. La décoration consiste en *ciselure* et « bouillons » ou godrons. — 1662. « Cinq custodes d'argent, scavoir : la grande, cyselée, servant pour la communion; autre, qui sert pour porter par ville aux malades; autre, qui sert pour porter à la campagne; autre, qui a pour couvercle une patène; autre, qui est vielle, à gros bouillons ». Le ciboire, daté de 1320 environ et gravé dans le *Glossaire archéologique*, porte, en effet, des godrons à sa coupe et à son couvercle.

Dentelle. — Voir *devant d'autel* (1).

Devant d'autel. — Autre mot absent du *Glossaire*. Ces parements sont en velours ou en satin; aux trois couleurs, blanc, rouge et vert; ornés de broderies, de dentelles d'argent, de passements d'or et des armoiries de la confrérie, qui sont un nom de Jésus. Ils sont tendus sur un châssis ou cadre, comme le prescrit le *Cérémonial des évêques* (2) et accompagnés de crédences et de croissances semblables. — 1662. « Un devant d'autel, de satin blanc, avecq les croyssances, garny de passements d'or. Un autre, de

---

(1) « Une grande croix, couverte d'un voile de tabis, couleur de feuille morte, semé de lames de fil d'argent et bordé d'une dentelle aussy d'argent » (*Triomphe du T. S. Sacrement*, 1686, p. 6).

(2) « Pallia aurea vel argentea aut serica, auro perpulchre contexta, coloris festivitati congruentis, eaque sectis quadratisque lignis munita, quæ *telaria* vocant, ne rugosa aut sinuosa sed extensa et explicata decentius conspiciantur » (lib. I, cap. xii, n° 11).

velours rouge, en broderie, avec les croyssances ». — 1671. « Un autre devant d'autel, de velours vert, garny de double rang de danteles d'argen, avec les armes de la frérie en broderie ». —1678. « Un devant d'autel, de satin blanc, avec les crédances, garny de passements d'or. Six quadres de bois pour tendre les devants d'autel, lesquels se gastoient faute d'estre tendus. 10 l, 10 s. »

A l'Exposition de Limoges, mon attention s'est portée sur deux devants d'autel du xviie siècle. L'un était en soie, brodée de diverses couleurs, sur un fond de satin vert olive. Le dessin représente des rinceaux et des bouquets. Le champ est divisé en trois panneaux par des orfrois verticaux, d'un ton plus clair pour le fond. En haut et en bas ressort une bordure épaisse et en relief, qu'entoure un cordonnet.

Le second, en drap rouge, semé d'étoiles, d'un dessin fort médiocre, figure, entre des vases de fleurs, l'exposition du Saint-Sacrement, adoré par deux anges, un pape et un roi (1).

Aux processions de la Fête-Dieu, les reposoirs, ornés comme des autels, avaient aussi leur *devant* d'étoffe, comme il résulte de la brochure intitulée : *Le Triomphe du Très-Saint-Sacrement ou la procession célèbre qu'on fit à Limoges…. le 20 juin 1686* : « Cet autel magnifique est d'une garniture de velours rouge » (p. 16). — « Le devant est d'un broché d'or et d'argent. Il y a au milieu un aigneau en broderie d'argent sur un livre à sept sceaux brodé d'or, avec une belle dentelle d'Angleterre » (p. 16). — « Le devant d'autel est d'un velours, aussi à la Turque, incarnat et blanc, garny d'un passement d'or » (p. 18). — « Le devant est tout à fonds d'or et d'argent, avec de la broderie d'or et de soye » (p. 21). — « Un autre devant d'autel, fait d'un beau damas broché, garny de passements d'or » (p. 21). — « Le devant de cet autel est d'un velours rouge semé de fleurs de lys d'or » (p. 23). — « Le devant est d'un beau tapis » (p. 27). — « Le devant est d'un velours à la Turque, incarnat et blanc, et garny de passements d'or » (p. 28). Il est bien probable que ces parements avaient été empruntés aux églises. Notons-y la couleur rouge, qui commence à devenir, en France, la couleur du Saint-Sacrement.

DEVANT DE MANTEAU. — Voir *manteau*.

DIMANCHE. — Voir *torches, surciel*.

DORÉ. — Voir *calice, Jésus*.

DOUBLURE. — Voir *bouccassin, surciel, tonne*.

DRAPS. — Le *Glossaire* n'ayant pas de paragraphe spécial sur leur usage, nous le demanderons au registre de la confrérie. On

---

(1) Voir le catalogue de l'Exposition, section des *Etoffes*, p. 18, n°s 43, 44.

les emploie comme tenture au grand autel, où on les suspend à des verges de fer, ce qui forme ce que le moyen-âge nommait un *dossier*; devant le banc des bailes qu'ils décorent, mais surtout à l'Exposition du Saint-Sacrement pendant l'octave de la Fête-Dieu et au reposoir du Jeudi-Saint. Ils sont en or, en velours, en satin et en taffetas ; leur couleur est l'or, le rouge, le vert et le bleu; brodés ou brochés, ils sont parés de franges. L'ornementation de fils d'or consiste dans le Nom de Jésus, la Sainte Face, les cinq plaies, les armes de la confrérie et des soleils brillants. — 1550. « Le drapt de veloux rouge, où est en icelluy la figure de la Véronicque et deux soleilz brochés de fillet d'or » (n° 28). « Deux draps de taffetas rouge, brochés de fil d'or » (n° 29). « Le drapt d'or, avec le taffetas rouge par le dernier, qu'on met sur le Sainct-Sacrement durant la feste et octave de la Feste-Dieu » (n° 33). « Le drapt de veloux rouge, avec ung soleil et deux Jhesus, brochés de fil d'or » (n° 34). — 1557. « *Item*, le drapt de veloux rouge, que on mect sur la tonne, le jour de la Cène ». — 1576. « Ung petit drapt de satin bleuf, pour mectre sur le grand autel tous les dymenches ». — 1578. « Ung petit drapt d'or, avec sa verge de fer, pour mettre au grand autel, les bonnes festes. Ung drapt d'or, que l'on mect sur la thonne ». — 1580. « Le drapt d'or, avecq le taffetas rouge, que l'on met sur la tonne, le jour de la Feste du *prétieux Corps de Dieu* ». — 1586. « Le drapt de veloux rouge, où est la figure de Jhs. Le drapt de taffetas rouge, broché de fillet d'or, où il y a quattre Jhesus de fillet d'or ». — 1593. « Ung drap, de satin vert, où sont les armories de la dite frérie, lequel on met au devant du banc des bayles ». — 1678. « Ung drapt, de velours rouge, où il y a les stigmates de Jésus, la Véronique et des brilians en forme de soleil. Un drapt de taffetas bleu, doublé de trelis rouge, avec des franges jaunes ».

Echarpe. — Le *Glossaire* ne lui donne pas son sens liturgique. Elle servait à la procession et bénédiction du Saint-Sacrement; c'est pour cela qu'elle était en soie rouge, couleur qui, en France, était la couleur eucharistique. — 1678. « Une escharpe rouge, ayant des franges de soye verte ».

Email. — Voir *paix*.

Enseigne. — Voir *joyau*.

Encensoirs. — Il y avait deux encensoirs d'argent, un pour chaque côté du chœur, selon l'usage français ; la cassolette était en fer, et, quand on ne s'en servait pas, ils étaient suspendus à une verge de laiton. — 1550. « Deux enssenssiers d'argent » (n° 13). — 1551. « *Item*, avons payé à Jehan Guibert, orfebvre, pour avoir reffaict les deux piedz d'argent aulx enssenssiers et faict dix tourasses qu'estoient rompues en plusieurs lieux et augmentation d'argent, iiij l, ij s, vj d. » — 1584. « A Pierre Verrier et Johan Yvert, pour acoustrer les chandelliers et encensoirs d'argent, 1 l, 22 s, 6 d. ». — 1558. « Deux encensiers d'argent, avec leur fer à tenir le feu et verges de leton pour les attacher ». — 1574. « Les deux verges d'avrangt à pandre les encensiers ». — 1579. « Payé à François Roumanet, pour fère acoustrer les encenseoirs d'argent, 17 s. ».

Le *Glossaire* ne fait pas remarquer la paire et ne parle pas des verges ni de la cassolette de fer, usitée encore à Rome et mobile.

ENTERREMENTS. — Voir *croix*.

EVANGILES. — Se dit de l'évangéliaire dont se sert le diacre à la messe chantée. — 1558. « Le livre en parchemin où sont les évangilles des festes annuelles et princlardz » (*sic*). — 1597. « Le livre des évangiles rompu et ne valant du tout rien ». —Voir à *fer*.

ETUI. — Voir *corporal*.

EUSSE. — Voir *huche*.

FER. — Voir *balustre, drap, encensoir, réchaud* (1). Les trois articles suivants ne sont pas précisément clairs, et je n'ose risquer une interprétation quelconque. — 1580. « Les fertz, que l'on met le Jeudy Sainct au livre que l'on dit les évangilles ». — 1593. « Le fert qu'on mect le jour du Jeudi Sainct ». — 1597. « Le fert, qu'on met le jour du Judy Sainct ».

FERBLANC. — Voir *cornet*.

FÊTE-DIEU. — Voir *chape, chandelle, tonne, tabernacle*.

FÊTES. — Elles se distinguent en « bonnes » (1578), qui sont les « annuelles et princlardz » (1558) et dimanches.

FIL D'OR. — Voir *tonne*.

FILET. — 1558. « Ung taffetas rouge, avec le filet d'or ». — Voir *corporal, drap, toile* (2).

FLAMBEAU, synonyme de torche. — 1600. « Quatre cournet et quatre palanceaud qu'on met au quatre flanbeau des dictz sieur bailles ». — 1679. « Pour fère les flambeaux pour Pasques et pour de l'arcanette, 24 s. ».

---

(1). M. Gay cite, p. 697 et 702, un texte de l'an 1345, que l'on n'ira certainement pas chercher à cet endroit et qui se réfère à la ferronnerie limousine, importée jusqu'en Artois : « 2 serrures de Limoge salans, 9 pentures saudices, un verrel et un sacquoir estamé ».

(2) « Unes besonyes de nuict, ovrées de filet d'or et d'argent et de filet roge. Une chemise de soye cramoisie roge, faicte à la trèche, bordée de filet d'or et d'argent » (*Inv. du chât. de Verdun*, 1573).

La chemise, portée par le célèbre Montluc en 1556, était « ouvrée de soie cramoisi et de filets d'or ».

Fleurs. — Voir *bouquets, chapeau* et *parement.*

Franges. — Il y en a à l'*écharpe,* au *drapt,* au *surciel,* au *parement* : voir ces mots.

Frérie, confrérie. — Voir *drapt, devant d'autel, banc.*

Histoire. — Voir *tonne, parement.*

Huche, coffre de bois où l'on serre les objets précieux; le mot est écrit selon sa forme patoise. — 1566. « Pour une eusse de boys, pour mettre les joyaulx, 1 l, v s. ».

Images. — Se prend dans le sens de personnages ou de scènes figurées. — 1550. « Le grand ioyeau d'argent douré, où sont troys croix, avec les ymaiges du crucifix, le bon et maulvais larrons, Nostre-Dame, Sainct-Iehan, Sainct-Pierre, Sainct-Pol ». — 1571. « Deux images d'argen, avec léurs cadres neuf ». — 1641. « Deux titz ou imaiges pour l'autel ».

Jésus. — Voir *drap et corporal.* — Le nom de Jésus, contracté en monogramme, formait l'écusson, « enseigne » ou « armories » de la confrérie; c'est pourquoi il était si fréquemment répété sur les objets à son usage, où il attestait un droit de propriété (1). On le constate ainsi au bourdon, au corporal, au drap de tenture, au joyau, à la nappe d'autel, au pavillon et aux larges des cierges. Il était formé, suivant le type le plus commun, par les trois lettres IHS, de forme gothique et enlacées (il n'est pas autrement sur le registre) ou en majuscules romaines, comme sur la représentation du joyau à la façade de l'église Saint-Pierre. — 1558. « Quatre IHS de boys susdorés, pour y attacher (aux cierges) ». — 1566. « *Item* deux Jésus, à mectre les dimenches aux torches ». — 1568. « Quatre Jésus, à mectre aux bordons des cornetz, qui sont dorées ». — 1578. « Ung pavillon de taffetas rouge, où il y a quatre Jésus au quattre coingtz ».

Jeudi Saint. — Voir *fer, manteau.*

Laiton, cuivre jaune. — Voir *candélabre, chandelier* (2).

Larrons. — Voir *joyau.*

Linge. — Voir *calice.*

Livres. — La confrérie possédait six sortes de livres, dont trois liturgiques comme l'évangéliaire, le missel et les textes (voir ces mots), un terrier des cens et rentes (n°⁵ 44, 50), un livre des comptes (n°⁵ 45, 50) et un registre des reconnaissances (n° 50). Le registre des comptes, que j'analyse ici, est déclaré « en par-

---

(1) 1551. « *Item,* pour faire fère ung Jésus à la vistre de la secretenye qu'estoit rompu, x s. ».

(2) 1587. « A Marcial Guéry, pour fil de laton, pris pour faire lathonner la vistre qui est près du cyvoire, 8 s. ».

chemin », ce qui est conforme à la réalité. — « Et pour faire les dictz troys livres, avons faict achepter à Fontenay, à la foyre de la grand Sainct-Jehan, mil cinq centz cinquante ung, quinze douzaines de grand veslin de Bretaigne, que a cousté trente solz tourn. la douzaine, xxIIII l., x s. ; pour le port et voiture dudict veslin, vIII s., III d. — *Item*, avons payé à Jehan d'Engolesme, livrayre, pour la fasson des dictz troys livres, III l., v s. — *Item*, avons poyé à Marcial Promeyrat, pour ferrer et mectre des bouthons de cuyvre en chascun livre, II l. — *Item*, avons payé à Pierre Raymond, pour peindre et illuminer les dictz troys livres de parchemin, III l. ».

On connaissait l'émailleur, ce document nous révèle le miniaturiste. Il y aurait lieu de rechercher quelle est, dans le manuscrit existant, la part de miniatures qui revient à Pierre Raymond.

LUMINAIRE. — Se dit des cierges employés à une cérémonie funèbre, ce terme est encore usité en Poitou. — 1678. « Pour le grand luminaire de la Septuagésime, au sieur Malcdon, 1 l., 18 s. ». L'épithète *grand* fait supposer qu'il y avait aussi un *petit* luminaire, de manière à correspondre à deux classes, suivant la qualité de la personne. — Voir *muasons, tablier*.

MAIN de papier. — Voir *cornet*.

MARBRE. — 1557. « *Item*, ung marbre blan ». Ce marbre était une pierre d'autel ou autel portatif.

MANTEAU. — Le manteau, en toile, qui, en 1557, formait dais au dessus du reposoir du Jeudi-Saint, fut accompagné, l'année suivante, d'une toile d'or qui se plaçait en arrière de la réserve (voir *chape*). — 1557. « *Item*, ung devant de manteau de toille de Cambray, pour mectre le jour de la Cène sur le *Corpus Domini* ».

MISSEL. — Le missel était recouvert de velours rouge, avec appliques d'argent doré. — 1641. « Un livre missel doré ». — 1666. « Un grand missel, couvert de velours rouge et d'argent doré ».

MORTUAIRE. — Voir *croix*.

MUASON. — 1550. « Plus les trois muasons de cire pour le service du soir de Noël ». — 1550. « Vingt-cinq livres cyre, pour faire les muasons et luminaire ». Ces deux textes sont loin d'éclairer la question. M. Guibert m'écrit : « *Muasons* ne vient-il pas de *mutationes* et n'équivaut-il pas à *tours, séries*? On comprendrait que, pendant la nuit de Noël, le luminaire eût besoin d'être renouvelé plusieurs fois ». J'y verrais plutôt un diminutif d'*illuminations*.

NAPPE. — La nappe d'autel, réservée aux « fêtes annuelles », était rehaussée de quatre monogrammes du nom de Jésus. —

1558. « Une nappe d'autel, avec quatre Jésus, pour les festes annuelles ».

Navette. — La confrérie possédait deux navettes, l'une en argent doré et l'autre en cuivre; la cuiller avec laquelle se prenait l'encens y était attachée par une chaînette. — 1550. « *Item*, la navette, avec son cuylher d'argent, attaché avec une chaîne d'argent ». — 1566. « Pour la navette d'argent que avons faict faire, pour la fasson et dorrure, xxxi l., xi s., x d. ». — 1776. « La navette d'erain ».

Noel (1). — Voir *tonne, parement*.

Oreiller. — 1550. « Ung aureilher à petis carreaulx, de veloux de plusieurs couleurs ». La destination de ce coussin n'est pas indiquée, mais je ne serais pas étonné qu'il eut servi à l'adoration de la vraie croix, la liturgie comportant ce rite, comme il résulte de la belle statuette du xiiie siècle, qui appartient à l'église des Billanges (Haute-Vienne), et où Saint-Etienne de Muret est représenté tenant le reliquaire de la vraie croix sur un coussin (2). Mais, en 1558, ce coussin est affecté spécialement à l'Exposition du Saint-Sacrement pendant l'octave de la Fête-Dieu; on le plaçait donc sous le pied de l'ostensoir. — 1558. « Ung aurelier *sive* coussin, à petis carreaulx de veloux de plusieurs coleurs, où repose ledict Sainct-Sacrement ès dictz jours ». Le *Glossaire* ne dit rien à ce sujet, quoique le rit soit important à constater.

Paix. — Les paix vont par *paires*, en raison des deux côtés du chœur où on les donne à baiser en même temps. Elles sont en ivoire, montées d'argent ou en émail avec même monture. — 1550. « *Item*, deux paix d'yvoire, enchâssées en argent » (n° 12). — 1558. « Deux paix d'esmailh, enchasiées d'argent ». — 1576. « Les deux paix d'argent ». — 1597. « Deulx paix d'argent esmailliées ». — 1622. « Deux paix d'argent esmailhées ».

J'ai observé à l'Exposition de Limoges six paix émaillées qu'il est utile de signaler. Les trois plus anciennes sont du xvie siècle. L'une représente la crucifixion entre la Vierge et Saint-Jean.

---

(1) En 1576, on écrit *Nohel*, pour indiquer le mode de prononciation qui sépare les deux voyelles, au lieu de les unir, comme s'il y avait un *u* entr'elles, ce qui est plus conforme au génie de la langue française, ainsi que l'a observé Génin.

(2) *Annal. arch.*, t. XIII, p. 323. — Les textes disent la même chose. « *Item*, une petite croix, qui est attachée sur un petit oreiller de tapisserie, dans laquelle il y a du bois de la vraye croix ». (*Inv. de Verneuil*, xviie siècle, n° 10).

L'émail blanc est semé de fleurettes d'or. La bordure est or et bleu (1).

La paix, n° 60, figure la Vierge, assise en majesté sur un trône. Elle tient l'enfant Jèsus, entièrement nu ; deux anges l'assistent. Le sujet est traité en grisaille. La monture, en argent perlé, est enchâssée dans un cadre d'ivoire, sculpté de pilastres portant un fronton en espèce d'accolade, avec médaillon à tête d'homme au milieu ; le style de cet ivoire est celui de la Renaissance (2).

La cathédrale possède deux paix, montées sans goût en argent uni. Elles figurent le même sujet, une Notre-Dame-de-Pitié, assise au pied de la croix du Calvaire, et tenant sur ses genoux le corps inanimé de son fils ; elle est assistée de saint Jean et de sainte Madeleine (3).

Sous le n° 325, était exposée une paix, datée de 1682 et œuvre de Pierre II Nouailher. On y voit la descente du Saint-Esprit sur les apôtres. Elle n'a pas de monture, mais comme un cadre d'émail en feuillages saillants (4).

La dernière, attribuée aux derniers Nouailher (xviii° siècle), a une crucifixion sur un fond noir (5).

PALANCEAUX. — Les palanceaux ou mieux panonceaux, sont des targes que l'on appliquait aux cierges et aux torches. — 1574. « Quatre bastons à porter les chandelles aulx processions, avecq quatre pallanceaulx ». — 1589. « Quatre panonceaulx d'argent doré ». — 1600. « Quatre cournet et quatre palanceaud, qu'on mest au quatre flanbeau desdictz sieur bailles, le tout d'argent »

Ils n'étaient pas toujours en métal, mais simplement peints. On les reproduisait aussi sur le registre des comptes. — 1572. « Plus, payé à Pierre Raymond, painctre, pour six pannonceaulx, quatre pour nous, ung pour Jehan Nouhailler, prestre, notre combayle et ung pour Le Courrieu, v l., v s. ». — 1573. « Plus, pour avoir faict fère dix pannanceaulx à M° Anthoine, painctre, tant pour nous que pour M° Jehan Nouhalier et Courrieu, v l. x s. » — 1576. « Plus, pour avoir faict fère six pananceaulx à M° Leonard Limosin, paintre, la somme de vi l., iii s. ». — 1577. « Payé à M° Anthoyne, peinctre, pour les pananceaulx, 2 l., 1 s. ». — 1579. « Payé pour quatre pananceaulx d'argent doré,

---

(1) Catalogue de l'Exposition, section des émaux, p. 13, n° 5.
(2) Ibid., p. 32.
(3) Ibid., p. 121.
(4) Ibid., p. 12, n° 4.
(5) Ibid., p. 150, n° 416.

poyzant troys marcz, que advons faict fère en la dicte année, lesquelz sont pourtraictz de l'autre part, à ce comprins argent, ort, pour les dorer, comme pour la fassont, 78 l., 10 s., revenant à 26 l., 10 s. Plus, a esté poyé, pour fère pourtrayre à Limosin au présent pappier le pourtraict des pananceaulx d'argent que avvons faict faire, lequel est en tout p^t testons, 14 s., 6 d. ».

On dit encore *palanceau* à Limoges, où la corporation des bouchers continue à s'en servir ; j'en ai vu également à l'église Saint-Pierre, aux cierges d'un autel. L'*Inventaire des Pénitents bleus*, en 1828, porte : « Deux panonceaux massifs argent; deux id. cuivre et plaqué; deux id. en fer blanc », et celui des Pénitents blancs, en 1845 : « deux panonceaux en cuivre blanchi ; quatre panonceaux en tôle, garnis d'un agneau argenté; quatre panonceaux en tôle peinte, avec ornements découpés à jour; deux panonceaux massifs en argent, façon vigne en garniture et pesant cent quarante-huit grammes » (*Bulletin de la Société archéologique du Limousin*, t. XXVII, p. 183, 184).

J'en décrirai trois à titre de spécimen. Le premier panonceau date du commencement du xviie siècle. Il a figuré à l'exposition de Limoges. Fait en cuivre argenté et de forme ovale, il mesure 0^m,19 de hauteur sur 0^m,16 de largeur. Au revers, quatre anneaux étaient destinés à l'attacher au cierge. Il est travaillé au repoussé, avec fond poinçonné. La bordure représente des oves, auxquels se mêlent des feuillages et des fruits. Au milieu est un autel, élevé de deux marches ; c'est un simple balustre, supportant une table; sur cette table est posé un calice, surmonté d'une hostie. L'hostie porte l'empreinte de la crucifixion, avec la Vierge et saint Jean. Sur les marches sont debout deux anges, ailes baissées, qui tiennent des chandeliers dont les torches sont tortillées. Au-dessous se lisent un texte d'une hymne de Saint-Thomas-d'Aquin et la date de confection :

SOLA. FIDES. SVFFICIT

1602

La partie inférieure est occupée par l'écusson du donateur.

Cette targe, comme l'indique le sujet, a dû être faite pour une confrérie du Saint-Sacrement (1).

Deux autres targes, classées à l'exposition sous le n° 460, ont

---

(1) *Catalogue de l'exposition*, section des métaux, p. 39, n° 101. Le catalogue en décrit une autre, p. 43, n° 120 : elle est en cuivre et à l'effigie de saint François d'Assise.

dû appartenir à une confrérie mortuaire ou servir aux offices funèbres. Elles sont en émail noir peint en blanc. La bordure est semée de larmes, avec le dard et la faux de la mort. Dans le champ est une tête de mort, posée sur deux os en sautoir; elle parle au public : HODIE MIHI CRAS TIBI. Le millésime, 1764, est inscrit à la suite de la sentence. Autour se développe l'invocation qui revient si fréquemment dans l'office des morts : REQVIESCANT IN PACE ℟. AMEN (1).

La troisième large n'est pas antérieure à la fin du xviiie siècle. Elle est la propriété de l'église Saint-Aurélien, à Limoges. Haute de 0^m,20 et large de 0^m,16, elle dessine un ovale et est en argent repoussé. Saint-Aurélien, évêque de Limoges, est vêtu pontificalement : il porte sur le rochet la chape et a en tête une mitre gemmée, semée d'étoiles. Il est adossé à une muraille, comme protecteur de la ville. Son nom est indiqué par ses deux initiales S. A. (*sanctus Aurelianus*). Au revers a été rapportée une inscription datant de 1810.

Il est plusieurs fois question des panonceaux dans le *Triomphe du Très-Saint-Sacrement* (1686) pour la procession de la Fête-Dieu : « Cette belle compagnie (des Pénitents de Saint-François)... se distinguoit des autres..... par quatre bâtons de cérémonie ayans au-dessus la figure d'un agneau dans un soleil, le tout aussi d'argent ; par six beaux panonceaux de même métal..... Six de leurs officiers portoient châcun un panonceau d'argent » (p. 6). — « Deux officiers de cette illustre compagnie (de Saint-François-de-Sales) portaient châcun un bâton de cérémonie d'un beau bois d'ébène, semé de larmes d'argent et deux autres portoient châcun un panonceau d'argent » (p. 7). — « Je vois sur cet autel (reposoir)..... dix-huit chandeliers d'argent et huit panonceaux de même, ayans la figure d'un calice en relief » (p. 16). — « Je vois dessus (l'autel)..... six grands chandeliers, trente-six autres moyens, vingt panonceaux..... le tout d'argent et une partie de vermeil doré » (p. 18).

Papier. — Se dit d'un registre en papier (n° 46). On en faisait des cornets pour les cierges (Voir le mot *cornet*).

Paques. — Voir *flambeau*.

Parement. — Ce mot eut trois acceptions à Limoges. Il signifie d'abord le tapis ou doublier du lutrin. — 1552. « Le parement du pupyttre de devant le grand austel, la veille de Noël ».

Le second sens est celui de tentures. — 1573. « Plus les parementz pour parer le jour de la Feste Dieu, qui sont de velours,

---

(1) *Catalogue*, section des émaux, p. 168, n°[s] 470 et 470 *bis*.

tafetas et toille de saugle, avec les boys nécessaires ». — 1678. « Le parement de la tonne, doublé de trelis bleuf, avec des franges vertes ». Voir *toile*. — 1609. « Pour les droictz d'empoulle, candélabre et parement d'autel, 55 l. ».

Le troisième est celui d'une décoration où entrent des feuillages, des fleurs, des tableaux et des armoiries. — 1576. « Plus, pour avoir dressé le parement de verdure et fleurons devant le grand hautel pour les festes de Nohël et icelluy garny d'histoires et armories de la confrérie, la somme de x l., vii s. ».

Passement. — Voir *devant d'autel*.

Patène. — Voir *communion, calice* (1).

Pavillon. — 1578. « Ung pavillon de taffetas rouge, où il y a quatre Jésus au quatre coingtz ». — 1592. « Pavillon qui sert quand on porte le Saint-Sacrement aux malades ». Le pavillon était donc une espèce de petit dais.

Pendants. — Le grand joyau, suivant un article de l'Inventaire de 1597, était orné de deux petites pendeloques : « et deulx petitz pendentz ».

Perles. — Voir *corporal*.

Pile, ou poids à peser. — 1574. « Une pille de cuyvre à poiser les chandelles ».

Poids. — Le poids de tous les objets de métal est indiqué dans les inventaires.

Procession. — Voir *croix*.

Pupitre. — Voir *parement*.

Réchaud. — A confronter avec le mot *chaufferette*. — 1593. « Ung grand rachan de fert ». Ailleurs, ce mot est orthographié, d'une façon plus intelligible, « raschau » et « reschaud ».

Reliquaire. — 1660. « Trouvé dans le grand reliquaire une boiste de reliques d'argent ».

Sac. — Les sacs, de toile, contenant certains papiers de la confrérie, sont mentionnés dans l'inventaire de 1550 sous les n°° 48 et 49.

Secrétenye, sacristie (1550, n° 26). — La garde en était confiée au « secrétain » (n° 37).

Saint-Sacrement. — Voir les mots *clochette, pavillon, tonne*.

Satin. — Voir le mot *surciel*.

Septuagésime. — Se dit de l'anniversaire d'un défunt, célébré le soixante-dixième jour après la mort. Voir le mot *luminaire*.

---

(1) Je laisse à M. Ardant (*Bulletin des comit.*, p. 48), la responsabilité de cet article de l'an 1551 : « A Pierre Raymond, pour les deux patennes d'ivoire, xx s. ».

Sépulture. — Voir *ampoule.*

Soleil, ornement brodé en forme de soleil. — Voir *drap.* — 1586. « Le soleilh de veloux rouge, brodé d'or, que l'on met sur l'autel les dimanches ».

Stigmates, ou les cinq plaies de Notre-Seigneur. — Voir *drap.*

Un émail de Limoges, du xvii° siècle, que j'ai fait entrer au musée archéologique du diocèse d'Angers, représente les cinq plaies transperçant les membres coupés du Sauveur, en haut les deux mains, au milieu le cœur et en bas les deux pieds.

Surciel (1) ou dais. — Il est en satin vert, avec broderie au nom de Jésus, frange de même couleur et doublure de trelis rouge, il se place, les dimenches, au-dessus du banc des bailes, pour leur faire honneur. — 1576, 1578. « Ung surciel de satin vert, bordé de borderie (*sic*), que l'on mect tous les dymanches sur le banc des bayles. » — 1605. « Ung surcyel de satin de Bourges vert, ayant trois Jsus, doublé de trelis rouge, avec une frange vert. »

Un second dais, de couleur rouge, avec pentes et pommes de bois doré ou jaspé aux quatre coins, servait aux processions du Saint-Sacrement. L'inventaire de 1550 le décrit sous les n°s 30 et 31. Le *Glossaire archéologique* cite plusieurs exemples de pentes, aux mots *ciel* et *dais*, mais se tait complètement sur les *pommes* : il aura la ressource de pouvoir y revenir quand il en sera à ce terme.

Surdoré. — Voir *Jésus.*

Tabernacle. — « 1573. Plus, au mesme (M° Anthoine), pour la peincture d'un tabernacle boys de noyer, coustant 1 l., 10 s.,

---

(1) Ce mot revient souvent, dans le *Triomphe du Très Saint Sacrement* (1686), à propos des tentures qui couvrent les rues et des dais qui surmontent les reposoirs, à la procession de la Fête-Dieu : « Tous les quartiers où notre célèbre procession doit passer étans couverts de surcieux faits de beaux linceuls blancs » (p. 11). — « Le ciel est fait de fort beaux linceuls très blancs et fort lestement tendus » (p. 16). — « Le dais, qui sert de ciel à cet autel, est d'une impériale, en broderie faite d'une étoffe à la Turque » (p. 18). — « Descendons vers l'église de Saint-Martial par la rue du Clocher, ornée d'un ciel de draps fort blancs et de belles tapisseries d'hautelisses » (p. 20). — « Le surciel et les côtés de cet autel sont de beaux tapis de Turquie » (p. 23). — « Toute cette rue, superbement tapissée, est couverte d'un surciel extrêmement obscur » (p. 24). — « Un fort beau reposoir, avec une impériale au-dessus, d'une étoffe extrêmement riche » (p. 25). — « Au-dessus (de l'autel) est un ciel de lit à l'impériale, fait d'un beau damas jaune » (p. 27).

Voir pour le « surciel » de lit l'inventaire de 1574, publié par le *Bulletin de la Société archéologique de la Corrèze*, t. III, p. 678, 679.

3 d. » — 1578. « Le tabernacle de boys, qu'on mect le jour de la Feste-Dieu. »

Table. — Voir *balustre*.

Tableau. — 1662. « Un tableau de la Véronique, sur du bois, avec des pierreries. »

Tablier, nom du registre affecté au luminaire (1550, n° 26).

Taffetas. — Il y en a de rouge et de bleu ; on en fait une tenture pour la *tonne*, un *pavillon*, une *chape* (Voir ces trois mots). Voir aussi *drap*.

Tapis. — Le banc des bailes était couvert d'un tapis et celui des confrères n'avait que du cuir. — 1580. « Ung tappis à mettre sur le banc des bayles. »

Te igitur, nom du carton d'autel central, parce qu'il contient une partie du canon de la messe, lequel commence par ces mots. — 1626. « Pour un *Te igitur* à l'autel, 5 l. » — 1630. « Un *Te igitur* de papier, couvert de cuir rouge. » Rien n'indique si le carton était unique, double ou triple. Le papier fait supposer qu'il était imprimé et la couverture de cuir rouge dénote qu'il était collé sur un carton, arrangé au dos ou revers comme un livre.

Je reviendrai sur la question lorsque j'étudierai les cartons émaillés qui ont figuré à Limoges à l'Exposition de 1886.

Timon. — Voir *balance*.

Tit, nom limousin du texte, c'est-à-dire du livre liturgique renfermant soit l'épitre, soit l'évangile qui se chantent à la messe. La couverture était en bois garni d'argent. — 1554, 1558. « Deux titz couverts d'argent ». — 1573. « Deux titz de boys, couverts d'argent. — 1597. « Deux titz d'argent ».

Suivant l'usage français, on les plaçait sur l'autel pour l'orner, car leurs couvertures étaient historiées. — 1641. « Deux titz ou imaiges pour l'autel ».

Toile. — La destination du n° 31 de l'inventaire de 1550 n'est pas indiquée ; peut-être pourrait-on y voir une nappe de communion : « Une toille blanche, broché de fillet d'argent », à moins qu'on ne la confondit avec le *devant de manteau* (voir ce mot) ou le parement de la tonne (voir *tonne*). Avec la toile de Cambray on faisait des corporaux (voir *corporal*) et le manteau du Saint Sacrement (voir *manteau*).

On mentionne encore, pour parer l'église, deux toiles de soie ou d'or et d'argent. — 1573. « Deulx toilles de parement, à moctre, l'une de soye, ayant un Jésus au milieu, et l'aultre de toille d'or et d'argent ».

Tonne ou Thonne. — *Tonne* se dit ordinairement d'un grand tonneau ; au figuré, il doit signifier *arc* ou *niche*, parce qu'un tonneau coupé a précisément cette double forme. *Tunnel* a un sens analogue, qui fait penser à une voûte prolongée et *tonnelle* à un berceau de verdure. Tout cela convient parfaitement à l'exposition du Saint-Sacrement. La niche, montée sur quatre colonnettes et surmontée d'un dôme, se plaçait en avant du chœur, pour être mieux en vue. On y mettait, pour Noël, une représentation de la crèche, avec l'adoration des bergers, comme on la voit sculptée à la façade de l'église Saint-Pierre, à cause de la confrérie des pastoureaux qui y avait son siège; pour la Fête-Dieu, le Saint-Sacrement, et pour le Jeudi-Saint, la réserve, de manière à en faire un reposoir. En conséquence, la tenture de taffetas ou de velours variait de couleur, or, rouge et bleu; le rouge, comme je l'ai déjà observé, était eucharistique dans une grande partie de la France. On y ajoutait, comme décor, des *histoires* ou tableaux relatifs à la circonstance.

1557. « Item, le drapt, de veloux rouge, que on mect sur la tonne le jour de la Cène. » —1558. « La chape, *sive* manteau, de toille d'or, avec le taffetas rouge par le dernier, que on met sur la tonne où repose le Sainct-Sacrement, le jour du Vendredi-Sainct et octaves à la Feste-Dieu. » — 1568. « Une toyle blanche, brochée de fil d'or et drapt d'or, avec le taffetas rouge, qu'on mect dessoubz la tonne du précieux Corps de Dieu, le jour de sa feste. » — 1578. « Ung taffetas rouge, que l'on mect sur lad. thorne. » — 1578. « Ung taffetas bleuf, que l'on mect sur ladite thonne. » — 1578. « Ung drapt d'or que l'on mect sur la thonne. »— 1593. « Huict histoires, que l'on met à la tonne. » — 1599, 1600. « Les huict histoires, qu'on met à la tonne le jour de Noël. ». — 1618. « Pour la tonne au devant du chœur, 11. » — 1622. « La tonne, avec sa garniture de velour rouge. » — 1630. « Une tonne, doublée de veloux rouge. »

Torches. — Elles étaient en cire, ornées des armes de la confrérie et emmanchées de bâtons; on s'en servait pour l'élévation et les processions. — 1550. « Vingt-deux torches, pour le service à la lévation du *Corpus Domini* (n° 41). » — 1558. « Quarante-huict torches à baston. » — 1566. « *Item*, deux Jésus, à mectre les dimenches aux torches. »

Torchis, nom donné aux manches de bois destinés à porter les torches. — 1558. « Huict torchis de boys pour les pourter. »

Tortisseau, nom donné aux bâtons sur lesquels étaient fixés les cornets et les torches. —1550. « Dix tortisseaux de boys, à porter les cornetz d'argent » (n° 40). L'expression résulte de la forme même, qui figure du bois tordu.

Tourasse, petite tour (1550, n° 4). — Voir *encensoir*. Les tourelles, comme sur les anciens encensoirs, maintenaient les chaînes, à leur point de départ, à la cassolette, et, plus haut, au couvercle.

TOURNELLE, petite tour. — 1550, 1552. « Item, deux grandz chandelliers de leton de tournelles et angelotz » (n° 17). Il manque le mot *munis* ou *garnis*, qu'il est facile de restituer.

TRÉSOR. — Voir *Coffre*.

TREILLIS. — Voir les mots *drap* et *parement*. Le treillis ne figure pas dans le *Glossaire archéologique* au mot drap, mais seulement à *fil*. Le texte cité est de 1507 : « Trois pièces de toille faicte à treillis, pour faire ung ciel et dociel et ruelle » (p. 711). Nous pouvons remonter beaucoup plus haut. « Pour x aulnes de treilliz, à faire sacs en cuisine et sausserie, 2 s., 8 d. l'aune » (*Compte de Charles VI*, 1380). — « xvi aulnes de grous treillis à faire sacs à mettre vesselle d'estain en la sausserie »(*ibid*).—« xxiiii aulnes de treilliz, dont on a fait viii aulnes sacs, chascun sac contenant iii aulnes, pour mectre le pain » (*Compte d'Isabeau de Bavière*, 1401). — « xxiiii sacs de treilliz, 8 s. la pièce » (*ibid*). — « xxiii sacs de treillis » (*Compte de Charles VI*, 1383). — « xii aulnes de toille de treilleis à faire iiii sacs pour panneterie » (*ibid*., 1421).

« Plus la garnyture de deux litz tant de treillis que de camelot vert » (*Inv. de 1574, ap. Bull. de la Soc. arch. de la Corrèze*, t. III, p. 678).

A la procession de la Fête-Dieu, en 1686, les pénitents de saint François-de-Sales étaient « vêtus dans des sacs de treillis noir, aussi transparant que le jayet » (*Triomphe du Saint-Sacrement*, p. 7).

Il y en a de rouge et de bleu.

VELOURS. — Voir aux mots *drap, missel, oreiller, tonne*.

VENDREDI-SAINT. — Voir *tonne*.

VERDURE. — Voir *parement*.

VERGES. — Voir *drap* et *encensoir*.

VÉRONIQUE ou sainte Face de Notre-Seigneur, imprimée sur le voile de sainte Véronique (1). — Voir les mots *drap* et *tableau*.

VÊTEMENTS ou ornements sacerdotaux. 1550, n° 37.

IV

Le grand joyau, par son importance, mérite d'être traité à part. Il est décrit en ces termes dans l'inventaire de 1550, n°s 3 et 4 :
« *Item*, le grand joyeau d'argent douré, où sont troys croix avec les

---

(1) *Bull. de la Soc. arch. de Tarn-et-Garonne*, 1880, p. 143.

ymaiges du crucifix, le bon et maulvais larrons, Nostre-Dame, sainct Jehan, sainct Pierre, sainct Pol, avec une enseigne d'or, ung anneau d'argent susdouré, attaché à la croix du crucifix, avec le pied d'argent : le tout poisant vingt marcz cinq onces douze deniers. *Item*, le soubassement et pied dudict ioyau, avecques quattre tourasses, dont il y en a deux par le devant, qui sont dorées et les aultres deux blanches, lesquelles tours portent quatre anges de cuyvre dorés ; lequel soubassement, pied et tours, poysent, argent nect, dix marcs six onces ». (1).

En 1551, l'orfèvre Pierre Veyrier ajoute un soubassement, avec figurines émaillées : « A Pierre Veyrier l'aisné, orfèvre, pour les quatre évangélistes et pour les ymages sainct Pierre et sainct Paul esmailhées, que nous avons faict mectre au soubzbassement du joyeau et pour les six chapes de cuyvre et dorure d'icelles, III l., x s. Audict Veyrier, orfèvre, pour avoir racoustré le joyeau..... xxv s. ».

En 1558, le grand joyau est enregistré de cette façon : « Le grand joyau, d'argent doré, garny de troys croix, où sont les ymaiges du bon et malvais larrons, Nostre-Dame, sainct Jehan, sainct Pierre, sainct Pol, avec une enseigne d'or et troys anneaulx, dont les deux sont d'or et l'aultre d'argent doré, ensemble deux petit anges pourtant le croissant d'argent où l'on mect le Très-Sainct-Sacrement de l'autel ».

La même année, on revenait, après une mention identique, sur le décor du soubassement : « Le joyeau d'argent, etc. Le soubzbassement dudict joyeau, de boys argenté et surdoré, où sont les quatre évangélistes et les ymaiges sainct Pierre et sainct Pol que nous y avons faict mectre et apposer ».

1587. « A feu Pierre Veyrier, pour avoir accoustré le grand joyau, 1 s. ».

1591. « JHS MA (Jesus, Maria). Compte à Pierre Guibert et Marcial Raymond, orfèvres, pour couvrir d'argent le soubsbassement du grand joyau, I l., xxvi s., IIII d., et pour le contrat, II s., 6 d. ».

1593. « Bernard Bardon, avocat, bayle de cette année, contrat passé avec Psaulmet Texandier, fils de Pierre, orfèvre, pour la façon d'un ange, pesant dix marcs d'argent, orné de pierreries, à lui payé vingt deux escus un tiers de teston et à compte ».

Enfin, en 1597, une addition est devenue nécessaire, à l'occasion de nouvelles offrandes : « Le grand joyaulx d'argent doré, garny

---

(1) Ce texte a été cité par M. Guibert dans le *Bulletin de la Société archéologique du Limousin*, t. XXXII, p. 78.

suyvant les inventères précédans et oultre d'une bague d'or que fust balhiée l'an mil cinq centz quatre-vingt-douze, qu'est en tout qu'il y a douze bagues et deulx petitz pendentz ».

De ces divers textes tâchons de tirer une résultante générale qui nous fasse connaître très exactement l'ostensoir de la confrérie : tous les mots doivent être soigneusement relevés un à un.

La confrérie possédait divers joyaux, c'est-à-dire des objets précieux, comme les vases sacrés. — 1568. « Armère où sont les joyaulx ». — 1569. « Une eusse de boys pour mettre les joyaulx » — 1579. « Payé à Jehan Judot, pour acoustrer les joyaulx d'argent doré, 10 s. ».

Le joyau principal, nommé en conséquence *le grand joyau* (1), était la pièce la plus riche du petit trésor. On ne le qualifiait pas comme on aurait pu et dû le faire, de son vocable spécial, ostensoir ou monstrance, mais bien d'un terme générique qui rappelait que c'était une œuvre exceptionnelle d'orfévrerie : de la sorte, on lui faisait le plus d'honneur possible et on témoignait publiquement l'estime qu'on avait pour lui.

Poids net, il pesait en tout trente marcs, onze onces et douze deniers d'argent. La majeure partie était dorée. On y avait aussi employé du cuivre, également doré et du bois argenté et doré.

---

(1) *Annales archéologiques*, t. XV, p. 307.

La même expression se constate au xvie siècle, à Auxerre : « Plus, un reliquaire appelé le joyeau, d'argent doré, assis sur quatre lions, aussy d'argent doré, ayant à l'une des faces un autel en sculptures, garny de livres, calices, paix et une table devant, en laquelle est émaillé un crusifix et l'image de Notre-Dame et de saint Jean; et devant le grand autel il y a un priant, ayant derier luy un personnage debout tenant une mitre et une image de Notre-Dame couronnée, debout, tenant un vêtement long en forme de thunique; et, derrier la mesme image, il y a un ange sur un pillier; au milieu de la face est une image de saint Michel, avec de beau feuillages et quatre cristaux en forme d'église, au milieu desquels il y a deux petits anges élevez, dont l'un tient une encensoire et l'autre prie. Il y a l'image de saint Germain en pontifical, tenant la croix, et devant luy un mullet trébuchez ; à l'autre quartier de la mesme face, il y a deux personnages en forme de deux coquins (mendiants), l'un assis et l'autre debout. A l'un des deux bouts est l'image de saint Germain, crossé et mitré et à l'autre l'image de saint Etienne. Au-dessus du mesme joyau il y a deux gros anges tenant chacuns d'une main un encensoir, et l'autre, soutenant un rond en forme de soleil; au-dessus un crusifix, l'image de Notre-Dame et de saint Jean ; sur les quatre bouts, quatre petites tournelles sur lesquelles sont quatre petites bannières ; auquel joyau on porte le *Corpus Domini*, le jour du Saint-Sacrement ; le tout pesant 60 marcs et demis ». (*Inventaire de la cathédrale d'Auxerre*, 1567).

Le joyau reposait sur un « soubassement » ou « pied » d'argent, qui, ultérieurement, fut augmenté, sans doute pour plus de solidité, d'un support de bois, où furent rapportés en émail les quatre évangélistes et les deux chefs du collège apostolique ; plus tard, le support fut plaqué d'argent. Saint Pierre et saint Paul, résumant en eux les douze apôtres, à qui le Christ avait ordonné de renouveler la Cène eucharistique, faisaient double emploi, mais peut-être les « ymaiges », exécutées en 1530, n'existaient-elles plus en 1558. Les évangélistes étaient bien là à leur place, car ils ont raconté en détail l'institution de l'Eucharistie et la mort de leur maître.

Ce soubassement était flanqué, aux angles (ce qui permet de le supposer sur plan carré), de quatre tourelles, surmontées d'anges. On ne dit pas ce que tenaient en main les esprits célestes. L'iconographie du temps leur assigne généralement comme attributs les instruments de la Passion. Ils étaient simplement en cuivre doré et des quatre tourelles, sur lesquelles ils étaient debout, les deux de la partie antérieure seulement avaient été dorées, les deux autres restant blanches, par économie sans doute. Les tourelles devaient être reliées par des courtines de maçonnerie, de façon à simuler une enceinte fortifiée. Il n'est pas trop téméraire d'y voir la Jérusalem céleste, descendue sur terre, par la présence de l'Agneau et gardée par les anges. L'Apocalypse dut inspirer l'orfèvre ou celui qui guidait sa main et un sujet analogue se voit peint sur verre, à la même époque, dans l'église Saint-Martin à Troyes.

Ce large pied portait deux petits anges d'argent gemmé, probablement agenouillés, qui soutenaient respectueusement le croissant destiné à l'hostie. Ce croissant, chose étonnante, n'était qu'en argent : la rubrique moderne le prescrit en argent doré, afin d'honorer davantage le Saint-Sacrement.

Au premier plan, étaient encore debout saint Pierre et saint Paul, statuettes d'argent doré. Le premier était peut-être là en raison du vocable propre de l'église où la confrérie du Saint-Sacrement s'était établie. J'ignore si saint Paul était co-titulaire ; en tout cas, personne n'a parlé plus explicitement que lui de l'Eucharistie, à tel point que, dans les belles fresques d'Orvieto, lui seul représente le collège apostolique.

Au second plan, de manière à dominer toute la pièce, se dressait le calvaire, avec les trois croix, chargées de leurs trois crucifiés et les deux témoins ordinaires de la mort du Sauveur, la Vierge et Saint-Jean, car l'Eucharistie, dit Saint-Thomas-d'Aquin, est un mémorial de la mort sur la croix : « *O memoriale mortis Domini* ».

Le joyau était rehaussé d'une enseigne ou médaillon. En cet

endroit, ce médaillon ne pouvait représenter que le monogramme du nom de Jésus, c'est-à-dire les armoiries de la confrérie qu'elle avait soin d'apposer à la majeure partie des objets à son usage.

C'était une coutume pieuse, que j'ai signalée ailleurs (1), d'offrir en ex-voto des anneaux aux châsses et aux ostensoirs (2). L'ostensoir de Limoges eut aussi les siens, en or et argent doré. En 1550, il n'y en avait qu'un seul, trois en 1558 et douze en 1597. Ces anneaux étaient attachés, dit le premier inventaire, « à la croix du crucifix ».

Il serait difficile de déterminer la place des deux pendeloques, probablement aussi hommage pieux des fidèles.

Le registre de la confrérie abonde en dessins d'objets commandés par elle. Malheureusement, celui du grand joyau n'y est pas, et nous ne saurions trop le regretter. Aucun archéologue, à Limoges, ne se rappelait non plus en avoir vu quelque part un souvenir graphique, qui aurait actuellement tant de prix. L'omission s'explique, car, quand fut commencé le registre, la pièce d'orfèvrerie existait déjà, ce qui permettrait de la reporter de quelques années en arrière. En effet, le dessin accompagne toujours le compte de paiement. Ce compte, nous ne l'avons pas davantage. Comme il eût été curieux de savoir le nom de l'orfèvre, le temps employé à l'ouvrage et le prix d'exécution ! Rien ne prouve que Pierre Veyrier soit l'artiste cherché, car, d'après les comptes, il ne fait qu'agrandir et « racoustrer » le joyau.

J'ai eu la chance, en étudiant la façade de l'église Saint-Pierre, d'y rencontrer le joyau tant désiré. Ma joie fut partagée par mes collègues, à qui je m'empressai de signaler la découverte, et que, séance tenante, j'emmenai avec moi pour procéder à l'identité de l'objet, textes en mains. Le doute n'était pas possible. Le joyau est sculpté en pierre blanche et tendre, qui commence à s'effriter sous la pluie des vents d'ouest : il serait temps d'en prendre un moulage pour le musée archéologique. Le bas relief est au-dessus de la porte d'entrée de la chapelle de la confrérie, à la gauche de la façade, qui est la droite du spectateur. L'adoration des bergers lui fait pendant, indiquant aussi la destination secondaire de la même chapelle. Les deux confréries avaient placé là leurs insignes comme marque de propriété, de manière à renseigner les fidèles ; de plus, le bas-relief,

---

(1) *Trésor de Monza, Trésor de Sainte-Croix de Poitiers.*

(2) Joseph Vignoli, évêque de Camerino, puis de Forli, où il mourut en 1782, légua à Saint-Venance de Camerino, trois cents écus pour faire un ostensoir d'argent, où furent enchâssés une émeraude, un saphir et plusieurs diamants détachés, suivant son désir, de ses anneaux.

Le grand joyau de la Confrérie de la Fête-Dieu (Bas-relief de Saint-Pierre)

au point de vue de la date, concorde avec le plus ancien document du registre. Enfin, l'accord se fait de tous points entre les textes et la représentation plastique. Un dessin de ce bas-relief était indispensable pour illustrer ce paragraphe ; la Société n'a pas hésité à me l'accorder, et tous les archéologues et liturgistes lui en seront reconnaissants.

Deux anges soutiennent un édicule, surmonté du Christ crucifié, entre les deux larrons, la Vierge et saint Jean. Au milieu, sous une arcade, paraît l'hostie, portée sur un pied analogue aux pieds de calices. Sous l'édicule est le monogramme du nom de Jésus, IHS, en majuscules romaines, chiffre de la confrérie. En bas, se dressent les statuettes des saints apôtres Pierre et Paul ; mais il manque au soubassement les tours et les anges.

V

Je vais donner dans l'ordre chronologique tous les textes relatifs au candélabre.

1550-1552. « *Item*, le grand candélabre de lathon, estant devant le grand autel, qu'a esté faict en l'année mil cincq centz quarante sept, finissant quarante huict » (n° 16).

1558. « Le piller neuf du grand candélabre d'arain, dont le pourtraict est en dessoubz ».

1561. « *Item*, avons retiré de François Rolland, le fondeur (1), le piller d'arein, pezant 790 l. arein, à 36 s. le cent ; monte à la somme de 184 l., 11 s., 6 d. ».

1574. « Plus avons baillé à Françoys Roulland, pour fère le candélabre, 100 l. Plus payé à M° Anthoyne, peintre, pour avoir mis au lyvre le pourtrait du candélabre, 3 l., 5 s. ».

1576. « Plus a esté paié pour le bois sur lequel sont posées les pièces du dit candélabre, fascon d'icelluy, netoyement des pièces, clavettes faictes ou viz fichantz et portantz lesd. pièces et pour l'avoir posé en son lieu, la somme de XIII l., XIII s., 3 d.

» *Item*, pour avoir faict figurer le candélabre comme il a esté mis et posé au devant le dict grand autez, avoir payé la somme de XXII s., vj d.

» Plus avons retiré de François Rolland une pièce de laton ser-

---

(1) Voir sur les fondeurs de Limoges, à la fin du XVI° siècle, un extrait des lettres patentes qui leur furent octroyées en 1593, inséré dans le *Glossaire archéologique*, p. 727, 729.

vant pour l'enrichessement du candélabre, poisant huict livres, à sept soubz la livre, monte à vi s.

» Après le dict cas fourtuit, estans advertis qu'on vouloit transporter les huict pièces servantz au candélabre entreprins par cy devant en fust faict procès et lesd. pièces promptement furent netoiées, mises en couleur et posées au devant le grand autel, afin qu'on n'employa le dict candélabre en la faction des pièces d'artillerie entreprinses pour la deffence de la dicte ville, et dans le vuide du dict candélabre, engravé ung verset tout ainsy comme il est cy figuré.

» Payé à Françoys Rolland, M° fondeur, pour avoir faict neuf chandeliers et enrechissements du candélabre, pourtraict en l'autre part, la somme de cent sept livres, revenant à 357 l., 40 s.

» Pouyé à Rolland, M° fondeur, pour avoir engravé l'escripture au devant le candélabre, vi s., x d.

» Payé à Pierre Pauli, serrurier, pour avoir faict les ferrures pour atacher lesd. chandeliers et enrichissementz. 1 l., 40 s.

» Payé à Martial Courtey, pour avoir peinct et dressé les deux anges du candélabre et pour l'oripeau, 49 s.

» Payé au dict (Rabau), pour avoir exposé des journées, tant ayder à lever le candélabre que à nettoyer les pilliers, 35 s.

» Pour fère fère le pourtraict du couronnement du candélabre, 15 s., 6 d.

» Payé à Martial Courtey, pour avoir mis au présent livre le pourtraict du candélabre, 37 s., 6 d. ».

1579. « Payé pour acoustrer un bourdon et souder une aisle à ung chérubin du candélabre, 2 s. ».

1584. « Faict nectoyer les deux anges de cuyvre à Mouret, orpheuvre, xxii s. ».

1587. « A Rabau, pour faire porter les pilliers du candellabre, qui souloit estre devant le grand autel, lesquels avons faict poser devant l'autel du crucifix. — Pour avoir mis en coulleur deux anges dud. candélabre, 14 s., 6 d. »

1589. « Neuf chandelles que sont posées en le candélabre. »

1609. « La sépulture de Madame Lavandier, le candélabre, 2 s., 6 d. — Aud. Faute, pour avoir refait les chandelles du candélabre cinq foys, 1 l., 2 s., 6 d. — Pour les droictz d'empoulle, candélabre et parement d'autel, 55 l. »

Candélabre signifie littéralement arbre à cierges. Cet appareil doit donc pyramider, avoir une tige unique et porter des cierges multiples. L'article de M. Gay sur le candélabre est tout à fait tronqué et ne se rapporte nullement à l'appareil de lumière limousin, dont le vrai nom est *tref* ou *râteau*. Ses dimensions l'ont fait qualifier

Le grand candelabre de la Confrérie de la Fête-Dieu

grand et sa dénomination rend raison de sa configuration, qui comporte une poutre transversale et une garniture de cierges. La poutre est décorée d'une devise empruntée à l'Écriture sainte et a, pour « couronnement », deux anges et neuf chandeliers; de plus, elle est supportée, à ses extrémités, par deux pilliers. Rien ne peut mieux en donner idée que le râteau de la cathédrale de Lyon, publié par le sieur de Moléon, à qui l'ont emprunté Viollet-le-Duc et Bégule.

Le râteau fut d'abord placé, comme il se pratiquait ailleurs, devant le maître-autel; plus tard, en 1587, on le transféra devant l'autel du crucifix.

On l'allumait sans doute à toutes les « bonnes festes », mais certainement aux offices funèbres faits par la confrérie, ce qui lui valait un « droict ».

Le premier râteau, exécuté en 1547, était en bois peint, avec « oripeau ».

En 1576, on l'embellissait, et en 1579, on le refaisait de nouveau. Le fondeur, chargé du travail, était maître François Rolland. Les comptes donnent le poids et le prix du métal employé ainsi que le salaire de l'artiste, qui fut payé « cent livres ». Sur une âme en bois furent alors appliquées, en manière d' « enrichissement », huit pièces de laiton ou airain, c'est-à-dire de cuivre, fixées par des « clavettes ou vis » : l'armature était en fer.

Maître Antoine et Martial Courtey de la famille des émailleurs de ce nom, reproduisirent en couleur, dans le registre de la confrérie, le « pourtrait » de ces deux râteaux, au prix de trois livres cinq sous et de trente-sept sous six deniers. Ce sont ces dessins que je reproduis ici, sur la photographie que je dois à l'obligeance de M. Camille Marbouty.

Le premier a, sur sa poutre, dix cierges rouges, qu'unissent de grands feuillages. La sentence de la frise est empruntée au psaume LXXXIII, verset 5 (1) et inscrite ainsi :

QVI. HABITAT. (2) IN. DOMO. TVA. DNE. IN. SECVLA. SECVLORUM. LAVDABVT. TE.

Deux chapiteaux, indiquant les supports, soutiennent les extrémités. Un dessin à part représente les pilastres qui sont très ornés.

---

(1) Le texte débute par *Beati*.
(2) *Habitat*, comme au candélabre de 1579, est pour *habitant*; il y manque le sigle horizontal au dessus du second *a*.

Le second candélabre était en cuivre. Sa poutre transversale, prise entre deux corniches, portait ce texte gravé :

QVI. HABITAT IN. DOMO. TVA. DNE. IN. SÈCVLA. SECVLORVM. LAVDABVNT. TE.

Au milieu, deux anges assis soutenaient, au-dessous d'un chandelier, un cartouche où était inscrit le monogramme du nom de Jésus, de forme gothique.

Quatre chandeliers s'alignaient à droite et à gauche, portant sur leur tige fuselée des cierges jaunes. Ils étaient séparés les uns des autres par des angelots, terminés en feuillages, inclinés dans l'attitude de l'adoration et adossés deux à deux, de manière à former une élégante galerie à jour à la partie supérieure du tref.

X. BARBIER DE MONTAULT,
Prélat de la Maison de Sa Sainteté.

Limoges, Imp. V° H. Ducourtieux, rue des Arènes, 7.

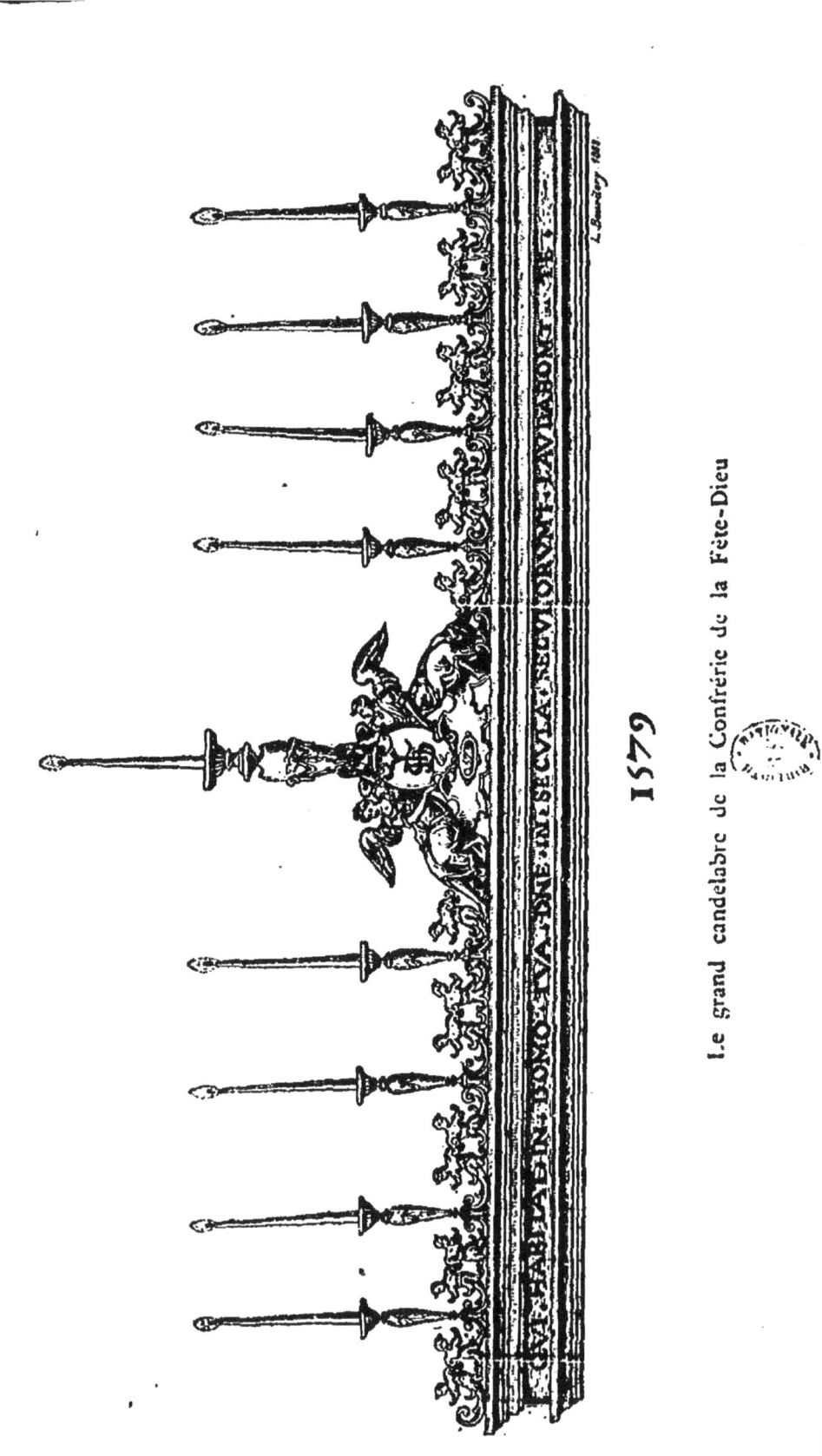

Le grand candelabre de la Confrérie de la Fête-Dieu

www.ingramcontent.com/pod-product-compliance
Lightning Source LLC
Chambersburg PA
CBHW062012070426

42451CB00008BA/650